U0446825

易明赋能系列丛书

上接战略
下接绩效

培训就该这样搞

十周年升级版

田俊国 ◎ 著

民主与建设出版社
·北京·

© 民主与建设出版社，2024

图书在版编目（CIP）数据

上接战略　下接绩效：培训就该这样搞：十周年升级版 / 田俊国著 .-- 北京：民主与建设出版社，2024.10. --ISBN 978-7-5139-4695-7

I.F272.921

中国国家版本馆 CIP 数据核字第 2024826PJ4 号

上接战略　下接绩效：培训就该这样搞：十周年升级版
SHANGJIE ZHANLÜE XIAJIE JIXIAO PEIXUN JIUGAI ZHEYANG GAO SHIZHOUNIAN SHENGJI BAN

著　　者	田俊国
责任编辑	刘　芳
封面设计	新艺书文化
出版发行	民主与建设出版社有限责任公司
电　　话	（010）59417749　59419778
地　　址	北京市朝阳区东湖街道宏泰东街远洋万和南区伍号公馆 4 层
邮　　编	100102
印　　刷	文畅阁印刷有限公司
版　　次	2024 年 10 月第 1 版
印　　次	2024 年 10 月第 1 次印刷
开　　本	787 毫米 ×1092 毫米　1/16
印　　张	15.75
字　　数	205 千字
书　　号	ISBN 978-7-5139-4695-7
定　　价	68.00 元

注：如有印、装质量问题，请与出版社联系。

Catalogue **目录**

推荐序一　用友网络科技有限公司董事长　王文京　/IX
推荐序二　《商业评论》主编　颜杰华　/XI
推荐序三　招银大学原总经理　罗开位　/XV
推荐序四　北京大学企业与教育研究中心主任、博导　吴峰　/XVII
再版前言　/XIX
前言（第一版）　/XXI

第一章　做"上接战略，下接绩效"的培训

一、培训如何上接战略　/004

① 以岗位胜任力模型为中心的培训模式或将破产　/004

② 培训是企业战略转型的有效手段　/005

③ 与战略不搭界的培训无效果　/007

④ 培训是管理者的重要职责　/008

⑤ 企业大学是企业变革的助推器　/010

二、如何让培训出绩效　/011

① 与业务计划合拍　/011

② 站位越高，价值越大　/015

③ 紧贴业务的课程开发　/017

④ 课程内容聚焦业务需要　/020

I

⑤ 微行动学习保证培训落地 /021

⑥ 讲求实效的课堂培训 /023

⑦ 课后持续强化和学生交流 /026

三、对员工进行系统化培养 /027

① 在挑战性任务中快速成长 /028

② 社会关系助力成长 /029

四、企业内训的四赢三闭环 /031

① 第一个闭环：学生从知到行 /031

② 第二个闭环：老师在学生的改变中实现教学相长 /034

③ 第三个闭环：组织因学生改变得到绩效提升 /036

第二章　精品课需要精雕细琢

一、精品课是这样开发出来的 /041

① 编故事、拍视频——第一门精品课"绩效管理" /041

② 沙盘模拟——第二门精品课"策略销售" /045

③ 开始摸索出套路——第三门精品课"捍卫尊严" /048

④ 精品课程次第出炉 /053

二、什么才是精品课 /053

① 精品课必备的五要素 /054

② 内容如何紧贴业务 /061

③ 讲师要会煮"石头汤" /063

三、精品课需要持续打磨 /065

① 确定对象：明确课讲给谁 /066

② 搜集内容：学会主题阅读 /067

③ 梳理结构：不要成为别人思想的跑马场 /070

④ 内容好，还要表达形式好 /071

目录

⑤ 过程设计符合"学习心电图" /072

⑥ 精雕细琢，持续打磨 /073

四、课程开发的最高境界：高质高效持续迭代 /074

① 精品课程也可以敏捷开发 /074

② 课程是互动脚本 /076

③ 磨课也是磨老师 /077

第三章 建构主义，给人力量

一、驯兽、砌墙、浇花，你选哪一种 /083

① 驯兽主张 /083

② 砌墙主张 /084

③ 浇花主张 /085

④ 冰山下的不同 /086

二、不一样的教学主张 /089

① 世界是感知的世界 /089

② 学习是学生主动完成的过程 /090

③ 教师的作用就是帮助学生思考 /090

④ 建构效果可以随时评价 /092

三、建构主义，爱你没商量 /092

① 建构主义到底怎么用 /093

② 案例一：一次共同建构的高管沙龙 /095

③ 案例二：建构主义化解争端 /097

④ 案例三：经理与专家夏令营上的建构 /098

四、三招教你成为建构主义讲师 /099

① 抽身——老师要忘掉自己的身份 /101

② 情境——只给情境，无须答案 /102

③ 提问——启发学生思考 /105
五、建构主义思想精髓与灵活运用 /107
① 教学的关键是创造性对话 /107
② 善留白的是高手 /109
③ 永远与学生共同学习 /110

第四章 五星教学，让课堂更精彩

一、理论先行，实践才有根基 /115
① 加涅的主张稍显烦琐 /116
② 梅里尔的改进最实用 /117

二、五星教学与认知规律契合 /123
① 根据人的认知特点设计教学过程 /123
② 交替调动学生的左右脑 /124

三、"五星"课堂如何设计 /127
① 三句话教你从"说教"到"五星" /127
② 问题是最好的课程导航 /129
③ 让学生研讨与点评 /131
④ 五星教学演绎幸福课堂 /132

四、五星教学需要大胆实践 /133
① 领导力培训贵在启发与反思 /133
② 销售员培训要实践 /134

五、五星教学的融会贯通 /135
① 大胆在实践中发展 /136
② 问题导向无比重要 /138
③ 转化才是硬道理 /140

目录

第五章　行动学习，让培训成为一种工作方式

一、行动学习在用友　/143
① 培养内部催化师　/144
② 2010年夏令营一鸣惊人　/146
③ 持续创新与推广应用　/150
④ 连续三年不同形式的强化　/153
⑤ 成为工作方式服务社会　/155

二、行动学习普及的方法与步骤　/155
① 简单、有效、可复制　/156
② 推动行动学习的六步骤　/157

三、行动学习是解决问题的利器　/160
① 从问题到解决方案的一般策略　/161
② 行动学习的基本原理　/165
③ 学习在过程中悄然发生　/169

四、为行动学习续命　/170
① 把行动学习的根系培育成须根系　/172
② 微行动学习更有威力　/173
③ 状态不对，套路白费　/174

第六章　好讲师是"拍砖"拍出来的

一、专职讲师培养的"三驾马车"　/177
① 绩效考核　/178
② 师资交流会　/178
③ 课程评审会　/180
④ "三驾马车"自动运行　/183

V

⑤ 专职讲师的选拔 /184

二、专业讲师培养三阶段 /184

① 起航计划 /185

② 腾飞计划 /186

③ 大师计划 /187

三、打造组织学习生态 /188

① 管理者当内训师的深远意义 /188

② 做高潜人才的精神家园 /190

四、专职讲师的六项精进 /191

① 付出不亚于任何人的努力 /191

② 要谦虚,不要骄傲 /193

③ 每天反省 /193

④ 活着,就要感谢 /194

⑤ 积善行,思利他 /195

⑥ 忘却感性的烦恼 /196

五、内训师的能力与素质 /196

① 内训师的不可替代性 /197

② 培养专家级内训师 /198

第七章 "上接战略,下接绩效"是永恒主题

一、学习力是企业的终极竞争力 /203

① 企业前途主要看两个人的学习力 /203

② 2%的精英群体带动剩余98%的人 /205

③ 企业学习要双向发力 /208

二、给人才发展工作的建议 /210

① 投资思维:聚焦关键业务和关键人才 /211

② 价值生存：地位是挣来的，不是争来的 /212

③ 将心注入：员工因触动而改变 /213

④ 专业制胜：专业才能让情怀落地 /215

⑤ 长期主义：与业务及骨干员工陪伴成长 /216

⑥ 多赢生态：你不是一个人在战斗 /217

⑦ 持续创新：在实践中发展自己的打法 /218

⑧ 智慧沉淀：持续把经验升华为知识 /219

三、培训负责人的三省吾身 /219

① 做什么样的培训，对组织的价值更大 /220

② 怎样做培训，业务部门更愿意配合 /221

③ 如何做培训，学生的吸收和转化率更高 /222

参考文献 /225

推荐序一

王文京

用友网络科技有限公司董事长

用友大学（即用友集团培训与文化中心）是中国本土的企业大学，如果有一本书，能够以用友大学为案例，全面介绍企业大学的办学方法与办学经验，对于我来说是一件十分欣慰的事情。如果本书能够对读者有所帮助，也可看作是用友集团对社会又尽了一份义务。

2008年，用友集团成立20周年，我们在思考一个问题：如何成为世界级的公司？我们需要什么样的能力支撑用友世界级的梦想？如何持续拥有这些组织能力？于是，我们想到了GE（General Electric Company，美国通用电气公司）、IBM（International Business Machines Corporation，国际商业机器公司）等世界一流企业走过的历程，发现他们有一个共同的特点，就是重视人才、重视人才的系统性培养、重视领导力的积累和发展。因此，办一所用友大学就成了用友集团的战略选择。

2012年11月10日，用友大学满四岁了，按照"专业、系统、规模、持续"的八字方针一路前行，取得了很多令人瞩目的成绩。其中令我印象最深刻的有如下几个方面。

首先，是企业大学的办学目的。企业大学与社会大学的不同在于企业大学是为企业的战略实现服务，而社会大学是为各个组织提供人才培养服务的。因此，用友大学"上接战略下接绩效"的指导思想就显得十分重要。用友大学无论是开发精品课程，还是组织各种行动学习，都与公司战略愿景、业务策略、流程制度、文化训导紧密结合，支持了公司的业务目标。

其次，是企业大学的核心能力。专业化生存是用友集团的核心价值观，

上接战略 下接绩效
——培训就该这样搞

也是办好用友大学的基础。用友大学的专业化能力表现在两个方面。一方面是培训培养的方法论（教育学、心理学方面）。一开始用友大学这方面的能力很差，用友大学的创始人员大部分都不是搞教育出身的，但他们善于学习、勇于探索，将建构主义方法引进用友大学，并基于此广泛采用了五星教学法、行动学习法，取得了很好的效果。另一方面是对培训知识的掌握。企业大学的讲师绝大部分都来自业务部门，因此对业务的理解都有不错的基础。但作为讲师，给别人"一碗水"，自己就要有"一桶水"，因此，用友大学一直坚持用"水塔"理论要求讲师，要求讲师超前一步，比别人学得更快。

再次，是企业大学的发展目标。用友集团的目标是成为世界级的公司，这个目标决定并支持用友大学的目标，因此，办一个世界级的企业大学是用友大学的长期奋斗目标。在本书中，作者总结了世界级企业大学的五个衡量要素：名师、名课、一流的方法论、一流的体系、卓越的品牌。应该说，用友大学一直坚持追求这些目标，尽管现在离世界级还有不小的距离，但心中有梦想，什么都不应该是困难。

最后，是企业大学的成长机制。企业大学很多时候被认为是企业的一个边缘部门，因此用友大学创立之初并不是特别能吸引人才。经过这些年的发展，情况发生了很大变化，除了专职人员稳定发展外，每年都会诞生数百名内部兼职讲师，他们主要是专家和管理者，他们视成为用友大学的讲师为荣。之所以这样，除了公司的重视外，还因为用友大学已经在业界（包括用友集团内部）有了良好的口碑，就像名牌大学在社会上的口碑一样。

本书作者田俊国先生是用友大学的创始人之一，也是用友大学的首任校长。他以个人的亲身经历为基础，通过本书向大家展示了用友大学的许多故事和个人体会，希望这些故事和体会能够对大家有所帮助。同时，我也希望其他有志于企业大学发展的朋友多与用友大学交流经验，向用友大学提出建议，共同促进中国企业大学的进步，支持中国企业和经济的发展。

推荐序二

颜杰华
《商业评论》主编

初识用友大学首任校长田俊国，是在 2011 年年底用友大学成立三周年的论坛上。田俊国登上讲台准备与台下的人力资源和培训的同行们做分享，他嗓门洪亮地向听众打招呼："下午好。"听众轻轻地回应了一声"好"。田俊国幽默地评论："刚才大家回答的力度和培训部门在公司的地位是相称的。"台下顿时发出了会意的笑声。

田俊国回忆了他从用友陕西分公司总经理的位置上被调回总部筹建用友大学的经历。上任不到半个月，他就清晰地感受到当时的培训工作在企业中的地位。虽然他的职位高了，但感觉上像降了级。以前做业务部门老总，只要完成任务，就会很有成就感，在公司无上荣耀；而到了职能部门，虽然杂事很多，整天忙死忙活，却和各种荣誉基本无缘。

做年底工作总结，当业务部门业绩不好时，业务部门总经理总是抱怨员工能力不行，培训不给力，等等。当培训部门给业务部门发放培训需求问卷时，多数情况是业务部门总经理把问卷交给下面的人员草草代填了事。培训部门误以为业务部门的反馈就是真正的业务需求，其实这种需求往往和业务部门的年度业务策略没有直接关系。可想而知，通过这种方式挖掘的培训需求，怎么可能是业务部门真正有待解决的问题，又怎么可能跟公司战略紧密衔接，谁又能指望根据这些调查需求开展的培训课程能为企业带来什么实质性的转变。年复一年，培训成为企业内部的恶性循环，既不解决问题，也不招人待见。

田俊国意识到培训课程只有紧贴业务，对业务有帮助，业务人员才会欢迎。他在用友大学提出要打造"上接战略下接绩效"的培训，这也是用

上接战略 下接绩效
——培训就该这样搞

友大学的一个重要战略。培训部门用"行动学习法"与业务人员一起剖析业务部门明年的业务计划，分析业务部门的战略、机遇、优势和劣势，重点分析团队的能力情况，并根据团队的能力情况来分析培训目标，最后再看培训资源。在这个过程中，业务部门真正需要的能力，以及真正需要的培训自然就显现出来了。

用友大学的另一个战略是坚持精品路线不动摇。用田俊国的话说，哪怕他们用大半年的时间开发课程，而培训时间只有两天，这两天的课也要让学生忘不了。要么不做，要么就做到让学生忘不了。当学生感受到培训和以前不一样时，用友大学的品牌形象就慢慢树立起来了。现在，很多本土企业大学刚开办时，都热衷于建立课程体系，结果往往变成了"课程贩子"——只是从外面采购了很多课程，对于自己企业的针对性不够。用友大学并没有刻意建设序列课程体系，但每年的精品课程都紧密围绕公司当年的战略重点和核心业务策略开发。三四年下来，课程体系随着公司战略的变化，自然就建立起来了。

田俊国在演讲中还分享了开发精品课程的心得，让我眼前一亮，觉得这个人确实有真材实料。我们会后马上安排编辑人员与他进行多次深入交流，挖掘经验，经过近半年的反复讨论和修改，《精品课程是这样炼成的》终于出炉，并刊登在《商业评论》2012年6月号上，激起了热烈的反响，是本杂志创刊十年时最受读者欢迎的企业培训类文章之一。

事实上，他的丰富经验用一篇文章很难囊括。我和培训界的朋友都鼓励他写一本书，可以更全面地把他的经验总结出来，给企业大学同行借鉴。没想到，过了半年，在繁忙的工作中，他见缝插针，笔耕不辍，年底真的交出了一本书稿。收到书稿之后，我几乎是一口气读完的，有一种酣畅淋漓的感觉。这本书从企业大学的定位、课程开发、教学方法、讲师培养，到推进组织学习，覆盖了企业大学的每一个环节，更重要的是，在每一个环节，田俊国都有一套自己独特的做法。他对国际领先的教学理论（如"建构主义"）有深刻的理解，同时对中国传统文化有精准的把握。融会贯通，脚踏实地，善于思考及改进，因此，虽然他从事企业大学工作的时间不算长，但他的成就和经验已经远远超过很多前辈。

可以预见，随着企业对提升组织能力的重视，培训将从企业的边缘地位走向中心地位。但是，传统的企业内训人员却未必也能从边缘走向中心，如果他们不能满足内部客户需求，成为内部客户的业务伙伴，他们的工作将会被进一步边缘化，甚至被彻底取代。因此，我衷心希望所有企业大学的朋友都能够重视这本书，从中借鉴，让自己的工作变得更有价值。

推荐序三

罗开位
招银大学原总经理

初冬的深圳，漫长的湿热天气渐渐凉爽下来。在这宜人宁静的深夜，作为一名中国企业大学的实践探索者，细心拜读老友田俊国先生新作《上接战略 下接绩效——培训就该这样搞》的初稿，感慨万千。

用友大学所走的路可以说是中国企业大学近年在本土化发展进程中所面临的各种困难和问题，以及如何解决这些问题的缩影。1956年，GE克劳顿维尔（GE Crotonville）的成立，标志着全球管理培训业务的正式开启。在此后的半个多世纪里，克劳顿维尔的各种管理培训方法，如案例教学、行动学习、群策群力等，被许多企业视为经典。

目前，企业大学的发展在中国呈现出星火燎原之态，简单、快速、有效的学习方法成为企业推进改革、培养人才的首选方式。书中田俊国先生与我们分享了用友大学的具体实践，这些成果给中国企业大学的发展带来了非常积极的影响。

企业大学的生命力在于其帮助企业培养和发展人才的能力，这种能力的获得需要企业大学真正有能力做到"上联企业战略，下接业务绩效"，并形成一套切实可行的思想方法体系和适合企业自身特色的企业大学运营模式。用友集团和用友大学的管理者们，一开始就是按照这样的思路来经营用友大学的，这是用友大学迅速走向成功的宝贵经验。

支撑企业大学高品质发展的是强大的培训学习研发体系，既要进行学习发展的基础研究，又要进行教材、教师、项目及相关技术等实际问题研究。田俊国先生带领的用友大学教学团队高度重视教学研发能力培养，建构主义、精品课程、五星教学法、行动学习、讲师培养等系列研究成果，都是用友大学的自主创新和研发能力的体现。这是用友大学能够成功的又一秘诀。

新时代企业培训正在发生革命性的变化，企业大学发展需要重点关注三个方向：一是如何实现从培训组织到绩效顾问的转型；二是如何对企业的知识进行有效的管理，使企业内外海量知识产生更大价值；三是如何构建更科学的学习平台，以适应学习活动"碎片化、移动化、多元化"的需要。田俊国先生在这些方面都做了许多有益探索，积累了一些可供借鉴的经验。

我与田先生犹如同一战壕的战友，在一同为企业大学本土化的进程不断地做探索，细品这部著作，受益匪浅。

谨以此为序。

推荐序四

吴峰
北京大学企业与教育研究中心主任、博导

这是一本青春之歌——既是企业大学的青春之歌，也是企业大学践行者的青春之歌。

接到田俊国先生的撰序邀请，我欣然接受。但是读毕全书，我却怯于下笔：这不是简单的一本讲企业大学的专业书籍，更是一本用激情与责任谱写的生命乐章——谁又有资格为之作序呢？

企业大学在中国的践行，充满挑战——社会在质疑：为什么叫"大学"？企业高层在质疑：企业大学能行吗？员工在质疑：能收到不一样的效果吗？中国的企业大学发展正是在这种质疑中坚定地前行，卓越的企业大学及其负责人向员工、向企业、向社会递交了一份份优秀答卷，用友大学及田俊国先生的答卷无疑是其中的佼佼者。田俊国先生衔命筹建用友大学，硕果累累，他用自己的行动与才华谱写了用友大学进行曲，本书正是其纪实与写照。

企业大学是什么？用友大学用它的成长与发展很好地对企业大学的内涵做了脚注。在田俊国先生的这本书中，不断闪烁着几个特别的关键词——建构主义、绩效导向、行动学习、精品课程，这就是对企业大学的最佳诠释。

首先，建构主义是企业大学的核心理念。企业大学是一个教育机构，以学习者为中心的建构主义是符合员工学习的方法，它超越了行为主义与认知主义，已成为必然选择。

其次，绩效是企业大学的目标导向。企业大学为企业的战略服务，追求绩效是企业大学存在的必要条件。

再次，行动学习是企业大学的主要方法之一。行动学习在用友大学的实践堪称伟大，它调动了广大员工的积极性、参与性，构建了用友大学良好的学习生态。

在人类发展的长河中，企业大学是人类认识自己价值的分水岭。从人力资源管理到人力资源开发，我们经历了漫长的认识历程。企业最初认为员工是创造价值的工具，只要将其管理好就行，因此叫人事管理；后来，企业认识到员工是一种资源，在最合适的位置上能发挥最佳价值，因此叫人力资源管理；最后，企业认识到员工是资本，能够通过不断开发创造新的价值，因此叫人力资源开发。企业大学在全世界的快速崛起，与人类对于自己的正确认识——人力资本这个理念是密不可分的。

在人类知识体系中，企业大学是社会实践知识的摇篮。与璀璨夺目的普通大学相比，企业大学更像夜明珠，在无声地贡献自己。在普通大学，更关注的是自然存在的知识，研究与传播自然存在的知识几乎成为全部工作；在企业大学，更关注的是与生产实践紧密结合在一起的社会知识与技能，用友大学的"五星课程"及"拍砖式讲师"都体现了这种内涵。这两类知识是人类知识体系不可或缺的重要组成部分，都极其重要。

我与田俊国先生愈交愈醇。本书犹如此，愈读愈醇。此书一气呵成，理论与实践并长。读完本书，你将为其专业性叫好，同时被作者的理想与使命感深深打动。优秀的企业大学负责人的胜任能力是什么？读完本书，你不难获得全部答案。

企业大学是一项伟大的事业，在这项事业中，企业、政府、行业、高校都是不可或缺的有机组成部分，共同努力推动它朝专业化、有序化发展。作为一名高校工作者，我对田俊国先生这样的企业人士能有志向与毅力撰写这本书而深感赞赏，并期望通过本序对所有有意在企业大学领域耕耘的行业人士表示由衷感谢。

祝愿我国企业大学前景美好，祝愿用友大学欣欣向荣。

再版前言

当出版社第三次跟我协商对本书进行修订再版的时候，我才静下心来认真考虑了这件事。我把这本书仔细翻阅了一遍，书中的文字瞬间把我带回到那段激情燃烧的岁月，也约略探寻到了这本书畅销多年的深层原因。

早在2017年年初，出版社就曾邀请我对本书进行修订再版，当时我刚离开用友，想的是拥抱未来，无暇怀旧，于是就不假思索地拒绝了。到2020年时，出版社第二次邀请我对本书进行修订再版，当时我正好因疫情赋闲在家，本是个好机会，可我的潜意识里还是抗拒修订，就回复出版社说："现在，我对此书所有的章节内容都有了极大的迭代升华，与其旧楼改造，不如另起高楼。要不我按原来章节重新写一本吧。"后来竟一口气写了两本，一本叫《上接战略下接绩效：组织学习新范式》，另一本叫《上接战略下接绩效：培训落地新方法》（下面简称"红蓝书"）。第三次便是现在，再读本书的时候，我被字里行间浓厚的情感吸引了，我的思绪也陷入美好的回忆中，为当年我和用友大学团队的所有人的情怀、激情、勇气和坚韧所感动。读完后，我立刻有了灵感，也有了修订的方向，即尽可能保留饱含精神和情感的描述性文字，同时毫不犹豫地删除了不合时宜的论述和畅想。做到故事尽量保留，过时论述能删即删，争取把这本时代经典之作修订成为永恒经典之作。在每一章的最后，我还加了一节新内容，专门讲述对该章内容的最新实践和感悟。最后两章内容因为时过境迁，价值已经不大，所以全部删除，取而代之的是一些我认为可以超越时代的"上接战略下接绩效"策略和建议。

我很庆幸自己当年无知无畏地振臂一呼，做了培训要"上接战略下接绩效"的呐喊。培训要做到"上接战略下接绩效"——应该是培训人

XIX

上接战略 下接绩效
　　——培训就该这样搞

不变的追求，值得持续探讨。而那些不断涌现出来的新理念、新技术、新方法，都可以作为"上接战略下接绩效"的具体手段，服务于这一核心目的。

　　这本新修订的《上接战略　下接绩效——培训就该这样搞》，和2020年出版的"红蓝书"恰好互补，成为一个套系。这本可以理解为是大众入门版，案例多，代入感强，可读性好。"红蓝书"则更专业化和系统化，里面的优秀案例也很多，大多由我创业时服务客户的案例改编而成。愿这三本书能带给培训同行更多的启发，帮助更多人在"上接战略下接绩效"的路上走得更扎实、更专业。

田俊国

2024年春分于北京

前言

（第一版）

用友大学成立至今已经四年多了。四年，不短的时间，一个大学本科生都毕业了。过去的四年对我来讲比再上一次大学还要充实，写这本书的过程恍如写毕业论文。筹建用友大学之前，我最多只能算是个培训爱好者，领导的信任和个人的爱好驱使我走上用友大学校长的岗位。当初稀里糊涂地接下一副重担，一路摸索着走过四年，而今俨然一个教育工作者的样子，其间的变化确实是我始料未及的。

蓦然回首，过去的四年是我职业生涯里感觉最好的四年，是身心投入、探索创新、大胆实践、收获颇丰的四年，因为从事了自己最喜欢的工作，充分发挥了我的才能。工作之余，我决定把这个过程写下来，总结经验以资借鉴，回顾过去以留纪念，继往才能开来。书中所写都是亲历实事，历历在目恍如昨天；所叙全是真情实感，时时萦心如语耳畔。写来感觉如数家珍，写作过程对我来说简直是一种难得的幸福。

当然，写本书绝不仅仅是为了自娱，若是自娱完全没有出版的必要。实际上，催促我完成此书的还有一种强大的使命感。我是偶然闯入教育领域的，因为工作需要，开始钻研教育学和心理学，没想到这潭水很深，而且我越钻研越来劲，越钻研越发现当前的在职教育乃至素质教育存在很多问题——那些经典的教育学和认知心理学典籍早已把教学的方法总结得淋漓尽致，而一些教育工作者却很少去实践：学院派翻译国外的典籍多是为了写论文，很少在自己的课堂上实践；培训公司来回倒手，贩卖课程；企业自身的培训管理员则疲于应付业务部门离散的培训需求，顾不上或者想不起钻研教育学和心理学。

在内训师培养的课堂上我经常组织这样的研讨：让学生描述自己经历的最难忘的一堂课，并总结其让人难忘的原因。我遗憾地发现，大多

上接战略 下接绩效
###　——培训就该这样搞

数人从小到大，上过上万乃至数万小时的课，但要从中找一堂印象深刻的课居然有点困难，而且很多人对上课的印象都是痛苦的。

好在用友大学给了我一个大胆实践的平台，使我有机会把书上所学的教育理论用在实践中。我是个实用主义者，向来主张边学习、边创新、边实践，书中所介绍的精品课程开发、建构主义、五星教学、行动学习、体系建设、讲师培养……都是我和用友大学的团队持续探索学习、创新改造、大胆实践的经验，我觉得自己有责任、有义务把我们的实践经验知无不言、言无不尽地与众分享，只要这些经验对广大教育工作者有一星半点的启发和参考价值，就可能使很多人受益，因为教育工作者有机会在讲台上使其发扬光大，我似乎找到了撬动职业教育的杠杆，想到这里，我信心倍增。

我深信我在用友大学四年的实践很有价值，这一点从公司内外学生的反馈就可以看出。既然有价值，就一定要想办法使其价值的社会效用最大化，也希冀其对企业在职教育现状的改变尽一份绵薄之力。

本书一共分为七章。

第一章系统阐释了我提出的一个理念——培训要上接战略，下接绩效。这是我 2009 年年初提出的观点，曾经在企业培训圈子里引起不小的争鸣，至今还有很多培训界同人在引用。究竟如何才能做到上接战略，下接绩效？我总结了一些用友大学自己的探索和实践。

第二章介绍用友大学课程开发的实践和主张。2012 年 6 月，用友大学精品课程开发的实践在《商业评论》刊出，主编颜杰华先生重磅推荐。我们在课程开发上的实践被《商业评论》杂志评为创刊十年来的"十大最佳中国实践"之一，并荣获 2012 年度管理行动奖。本章详细描述了最初几门精品课程出炉的全过程，阐述了用友大学的精品课程标准和独特的课程开发方法论。

第三章介绍建构主义。建构主义可以说是用友大学的共同信仰，这个信仰背后蕴含着巨大的能量，让我们对教育的认识提高到一个新的台阶，也是我们所有实践的总指导思想。建构主义给了我们勇气和力量，也成为我们壮大自己、发展联盟的共同纲领，因为这一共同的信仰，优秀的兼职讲师乃至社会上的一些讲师都很乐意跟我们共事。

第四章介绍五星教学。我认为五星教学是最好的教学过程划分，很符合我的审美标准——简单、有效、可复制，而且可以说是完美的建构主义教学思想落地的工具。"五星"几乎是用友大学的专职讲师们今年使用频率最高的词汇，上课谈、课间谈、课程评审谈、师资交流还要谈……大家共同的感受是：五星教学说起来容易，做起来难。因为要做到五星教学，就要和我们多年养成的灌输式坏习惯抗争。五星教学让我们站出来否定自己，新的认知就此形成，新的好习惯会逐渐养成。

第五章介绍用友大学的行动学习。行动学习真是一块宝，杰克·韦尔奇、路易斯·郭士纳等人凭借行动学习成为世界杰出的 CEO，而今行动学习应该普及为所有管理者和培训工作者最基本的工作方法与工具，用友大学在用友集团推行行动学习的过程非常成功，四年来经历的故事都在这一章呈现。我曾经在演讲中提到，我在企业培训中信仰建构主义。对于有问题又有答案的良构问题，采用精品课程和五星教学结合的方式培训；对有问题没答案的病构问题，则采用行动学习的方式找答案、建立共识。我们认为，建构主义 + 精品课程开发 + 五星教学 + 行动学习 = 所向披靡。

第六章介绍用友大学的专职与兼职讲师培养。用友大学对专职讲师的培养有三驾马车：正式的绩效考核、师资交流会和课程评审会。工作和培养融为一体，在团队内部积极营造学术氛围，倡导"拍砖文化"——我们认为世上本没有什么名师，板砖挨多了，便被拍成了名师。专职讲师培养的三阶段实际是以我自己的成长过程为原型开发出来的，经实践很有效。

第七章介绍可以超越时代的"上接战略下接绩效"策略和建议。提出了"学习力是企业的终极竞争力"，并给出了一些关于企业人才发展的可靠建议。认为只有培训负责人每日三省吾身，才能把企业培训真正做到实处。我坚持认为价值是一切组织存在的理由和发展的基础，企业大学要尽一切可能将其价值最大化。如何将企业大学的价值最大化呢？中国儒家传统的修齐治平的思想值得借鉴。

以上是对本书内容的大致介绍。当然，读者还可能关心本书对读者的价值。我信奉建构主义，还是我常讲的那句老话，每个人都以自己的认知作决策，学习的过程就是学生自己进行意义建构的过程。本书对读者的价值有多大，全然取决于读者自己选择借鉴多少，我唯一可以保证的是，书中所述的内容都源自用友大学真实的实践。读者可以根据自己的信念和经验作评判与借鉴。

价值是用友大学存在的理由，用友可以没有用友大学，没有用友大学的前二十年用友照样发展；用友大学却不能没有用友，所以，用友大学要想尽一切办法发挥自己的价值，任何组织的生存和发展都离不开"价值"二字。聚焦、实战、钻研、专业、创新是我形容用友大学团队的主题词，而所有这一切努力，都是为了最大限度地发挥用友大学的价值，此书的出版也是希冀用友大学发挥社会价值。如果真有人感觉全书内容无一可取，那就把本书权作建构自己认知的靶子吧，能当炮灰也是一种价值体现。

最后还要隆重感谢！感谢王文京董事长及董事会的英明决策，成立了用友大学，王总在百忙之中亲自为本书作序，字里行间充满了对用友大学的认同和期待，这是对用友大学全体同人最大的激励与鞭策。感谢老领导郭延生先生的支持和信任，使用友大学度过了艰难的初创期，使我得以在用友大学这个平台上历练成长。感谢原人力资源总监严绍业先生，他对用友大学的工作给予了很大的支持，在百忙之中审阅了本书的全稿，提出了很多中肯的意见。感谢用友大学的初创团队，他们在用友大学方兴未艾、前途未卜的时候毅然选择了用友大学，书中的很多实践都有他们的贡献。他们是：赵弘、夏凯、叶根平、杨业松、刘建、程云鹏、杨平、刘娇、梁巨平、陶娟、逄增钢、王乃军、刘智勇。还要感谢现有的团队：程云鹏、逄增钢、杨业松、杜锐、肖忠野、汤晶琪、步婷、张海珍、刘澄、陈爱芬、李忠星、王琢、丁万利，我们将共同开创用友大学的未来。还要感谢所有曾经在用友大学工作过的，以及为用友大学分担培训任务的专兼职讲师、催化师及成员企业培训工作者。

感谢《商业评论》主编颜杰华先生、招银大学原总经理罗开位先生、北京大学企业与教育研究中心吴峰教授在百忙之中为本书作推荐序。感谢我的妻子任海宁女士，她是中学教师，我们经常在一起切磋教育心得，她的很多分享对我启发很大，在成书的过程中她提出了不少中肯的建议和意见，也感谢她对我工作的支持和帮助，她的支持和帮助使我能够更专心投入工作和学习。

田俊国
2012 年 9 月

第一章

做"上接战略，下接绩效"的培训

多数 CEO 认为员工能力问题是制约组织发展的瓶颈，同时认为组织当前的培训是无效的，或者是针对性不强的。为什么培训部门辛辛苦苦组织的培训，业务部门却不积极参与？主要问题就出在培训和组织战略、员工绩效的关系不够紧密。我早就提出：上不接战略，下不接绩效的培训完全可以不做。

第一章　做"上接战略，下接绩效"的培训

刚履新用友大学执行校长的时候，我审视了当年的培训计划，感觉当时有70%的培训都可以省去不做，因为我看不到它们跟组织战略、员工绩效之间的关系，感受不到它们具有特别明显的价值。当时正好赶上经济形势不好，而且用友大学也刚刚成立，很多人问我今年准备给大家采购哪些课程，我回答说今年经济形势不好，培训预算少，要厉行节约，尽量不采购外部课程。实际上，当时我们团队正在潜心开发精品课程。当年的年度计划是为每个序列都开发出一门精品课程，要用精品课程给学生带来不一样的学习体验，打破培训效果不好的恶性循环，建立积极正向的良性循环。

我的"上接战略，下接绩效"主张曾经引起不少业界同人的共鸣，很多培训同人都引用过我这句话。当然，对我的这个主张也有不少争论，比如有人就提出：这句话说得好听，要实现起来很难，因为培训部门在组织中的话语权很小。这确实是一个不争的事实，我们应该如何改变这种局面呢？基于用友大学十几年的实践经验，我们试图从以下几个方面来探讨"上接战略，下接绩效"策略的落地问题。

一、培训如何上接战略

在新时代，信息越来越透明，竞争也越来越激烈，技术壁垒越来越容易被打破；客户对产品和服务的要求越来越苛刻；员工越来越注重工作中的自我实现和幸福感。这些因素凑在一起，对企业经营者提出了严峻的挑战。对商业组织来讲，适应新时代商业环境变化恐怕不是一道选做题，而是一道关乎生死存亡的是非题。

在此背景下，组织学习的重要性被提到了前所未有的高度。

① 以岗位胜任力模型为中心的培训模式或将破产

> 一个有机体要想生存下来，其学习的速度（L）必须大于或等于其所处环境变化的速度（C）。

英国行动学习型组织研究大师雷格·瑞文斯指出：一个有机体要想生存下来，其学习的速度（L）必须大于或等于其所处环境变化的速度（C）。反过来说，如果学习速度跟不上时代变化，得到的结局就只能是死亡，所以要 L ≥ C。

让我们一起看看今天的企业面临的外部环境变化速度吧：短短几年时间，微博、微信、抖音等新媒体切实地改变了每一个人的生活，使人们的生活发生了前所未有的改变，并由此催生出很多新的行业和职业。在互联网飞速发展、人类智慧高度集结的今天，几乎每天都会出现"新大陆"，这些"新大陆"的出现快速影响着人们的生活，引领社会潮流，改变了人们的消费习惯，最终影响了员工的行为方式，企业的管理层能对此置若罔闻吗？我说过，在这个加速变革的时代，组织和员工个人只有不断学习、持续创新，才能够顺利生存和发展；在快速转型的组织里，以岗位胜任力模型为中心的培训模式将会破产，因为岗位胜任力模型有一个基本的假设——岗位的要求是不变的，人的能力跟不上岗位的要求，所以才要进行培训。而在环境快速变化的今天，处在竞争前沿的企业，其业务正在持续不断地快速转型，对岗位的要求也要与时俱进，进行动态改变。

快速多变的商业环境倒逼组织变革，不变革就会被社会淘汰。而组织的快速变革必然会对员工的能力提出更多新的要求。对组织和个人而言，最大的风险就是：世界早已不是以前的那个世界，而你还是以前的那个你。

我曾跟在GE克劳顿维尔工作多年的克里斯·迈克先生有过交流，他的话也验证了我的观点。迈克先生说，在GE里，凡是组织多年沉淀下来的跟岗位胜任力模型相关的知识，都会用E-Learning（数字化学习）的方式让员工自学。GE克劳顿维尔开展的培训课程，除了领导力等例行项目外，大多数都是紧贴业务、以企业当前存在的突出问题为主题的研讨式培训。GE克劳顿维尔有很多负责课程需求的人员，他们会深入业务中，了解公司转型或业务开展时比较典型的、共性的和意义重大的问题，并开发出有针对性的课程，然后给各个业务单元讲授。我很庆幸用友大学一直是这么做的，也许正因为我们这么做了，才能得到业务部门的充分肯定。

② 培训是企业战略转型的有效手段

特劳特中国公司董事长邓德隆先生曾撰文说，定位是第三次全球生产力革命。他指出：第一次生产力革命是通过弗雷德里克·温斯洛·泰勒的《科学管理原理》，大幅提升了体力工作者的生产率；第二次生产力革命是通过彼得·德鲁克开创的管理学（核心著作是《管理的实践》及《卓有成效的管理者》），大幅提升了组织的生产率；第三次生产力革命是通过艾·里斯和杰克·特劳特发现的定位理论（核心著作是《定位》和《商战》），大幅提升了品牌的生产率。

我认为，在世界变化越来越快的未来社会，企业试图靠适合的战略定位来避开竞争是不可能的，所谓的蓝海只能短暂存在，不可能长久持续。只要某个领域或某个商业模式有利可图，逐利的资本家和聪明的模仿者很快就会跟进，只需要很短的时间，便会以更低的价格，甚至更好的产品和服务超越先前的对手，迅速把蓝海变为红海。

在这种市场环境下，企业要想生存下去，必须持续创新、快速变革，不断找到新的蓝海，才能保持领先。未来的企业要像导弹一样，有很强的反馈系统，可以边飞行边反馈，及时调整飞行方向和路线。未来的企业竞争是针对变革和效率的竞争，所以，我认为第四次生产力革命——有关企业变革效率的革命，已经开始。

如何提升变革成功率和效率呢？GE内部有一个公式$E=Q \times A$，E是指变革成功，Q是指决策质量，A是指团队对决策的认同程度。关于这个公式有一个注解：90%失败的变革项目都有一个质量很高的Q，失败的主要原因是团队对目标缺乏认同度。可见，人的因素是决定变革成败的关键因素。变革成功的关键在于团队对目标的认同程度，我想这个A包含了两层含义：一是在意愿上大家对目标深度认同，二是在能力上团队跟得上。偏激一点也许可以这样理解：没有做不成的事情，只有做不成事情的人。既然如此，我想肩负组织能力提升重任的企业大学在A上将大有可为。

> 没有做不成的事情，只有做不成事情的人。

近年来，国内的企业成立企业大学蔚然成风，我想，这大概也是新时代的大势所趋，企业要快速多变，势必要加强战略转型中人的工作。遗憾的是，中国的企业大学并没有定式，在不同企业的定位也有所不同，有的隶属于人力资源部，有的级别更高；有的专注于领导力提升，有的重点是对新员工的培养，五花八门，大不相同。我个人的观点是，企业大学理应成为企业变革的推进器，做"上接战略，下接绩效"的培训。

好在越来越多的有识之士已经认识到，培训已经到了讲求实效的时候了。培训不应该是可有可无的点缀，而应该是重要的战略转型手段，企业培训部门的地位要迅速提升。在人力成本越来越高的未来，企业只有通过人员素质的不断提高，人员能力快速适应变革的要求，才能使员工适应变化越来越快、客户要求越来越苛刻、竞争越来越激烈的市场环境。如果决策层对企业大学在组织中的定位认识不足，把企业大学仅仅当成一个提升普通员工的组织部门，那么成立企业大学的意义并不大。

③ 与战略不搭界的培训无效果

培训一定要和企业战略相匹配，哈佛大学罗伯特·卡普兰教授总结的平衡计分卡反映了这个道理。一些企业想要财务指标好看，就要让客户满意，而满意的客户需要由高效可靠的内部流程和人员学习成长来支撑。至少从逻辑上说明学习成长和公司的战略紧密关联，这么简单的道理并不是所有的企业培训部门都能理解的。在国内，很多企业的培训部门甚至是企业大学还处在"课程贩子"的阶段，它们的工作就是四处打听哪些课程好、哪些老师厉害，丝毫没有自己的逻辑。我曾经问一个企业的培训主管："你每年都花了数百万元的培训预算，到最后你觉得给企业留下了什么无形资产吗？"这位培训主管的回答显然是苍白无力的。有位培训主管这样自嘲他们的课程采购："我们公司就好比一个处于亚健康状态的中年人，听说人到中年以后需要补钙，又听说某家药厂生产的钙片好，于是就赶紧买这家药厂生产的钙片来吃。"结果就是他们做了很多跟战略不搭界的培训，效果自然不好。

回顾用友大学这些年所做的事情，都是把资源和力量聚焦在对组织整体发展有价值的事情上。比如:"绩效管理"这门课是为了让公司重要的人力资源战略落地,推进绩效管理制度变革而专门开发的,即当时主管人力资源的郭延生高级副总裁提出的"五个一工程"(即一个目标、一个制度、一套软件、一门课程、一套工具);"策略销售"课程的开发是为了解决公司战略向"以客户为中心的经营模式"转型时所引发的销售人员能力升级的难题;"捍卫尊严"课程的开发自然也在解决"以客户为中心的经营模式"下实施顾问项目管理能力的提升问题。2012年,我们更是旗帜鲜明地提出,用友大学只做对组织有系统性、全局性、持久性影响的培训。我们每年的经理与专家夏令营都是战略或文化主题,夏令营结束后,又把夏令营中的行动学习成果改编为课程,并进行全员轮训。用友大学虽然只是总部下辖的一个小职能部门,但是每年都有一段时间会成为全公司瞩目的焦点,开展全员瞩目的大规模轮训,基本能覆盖90%以上的员工。

　　向前看,企业大学如果扮演的是组织推动战略转型、促进变革落地的帮手,那么企业大学就将在环境多变、崇尚创新和变革的新时代大有可为;往后看,企业大学如果只是作为一个组织既有知识的传承机构,那么我想互联网时代带来的 E-Learning 的便利将成为企业大学的终结者。所以,我很认同迈克先生的这句话:"组织已经沉淀下来的知识,就大胆交给 E-Learning 去普及,企业大学则应该投入更大的精力,去推进组织战略转型、变革成功。"

④ 培训是管理者的重要职责

　　彼得·德鲁克曾说:"领导力是将人的愿景提升到更高的境界,将人的绩效提升到更高的标准,将人的品格塑造到超越寻常的限制条件。"GE曾经对三百位高阶经理人进行过一项调查,结果显示,有90%的人认为,对于他们工作上的成长贡献最大的是"曾在某处跟随某人一起工作过"。换言之,这些高阶经理人认为从直接主管身上接受的指导与训练才是他们成功最重要的因素。作为领导者的你可曾想过：员工选择把自己最年富力强的一段青春奉献给了你，你是否意识到除了业绩之外，你更应该为他们的未来职业发展负责呢？在诺埃尔·蒂奇的眼里，成功的领导者会教导他人成为领导者。因为培养下属本来就是管理者的责任，管理者当讲师就是天经地义的事情。

在用友有管理者做讲师的传统，很多优秀的管理者都是优秀的讲师。从王文京董事长开始，很多用友高管都曾在用友大学上课，其中有不少高管都获得了集团"杰出讲师"的称号，尊师重教这一中华民族的优良传统在用友发扬得非常好。不仅管理者，用友还有专门的制度要求专家来当讲师，规定专家每年要上够一定课时的课程，内部上课的时间和课后的效果评估将作为专家认证和职级晋升的重要依据。

我在担任用友大学执行校长之前，曾经连续四年被评为集团"杰出讲师"——这也许正是领导们选拔我担任这一职位的重要理由。用友大学从来没缺过内部讲师，主要有以下几方面的原因：用友有管理者和专家当讲师的光荣传统；很多管理者和业务骨干也需要一个平台来展示自己，提升其在集团内部的影响力；用友大学的课程很好，内训师都愿意讲。用友大学在集团内部的形象得以不断提升，到用友大学里讲课被看作是一种荣誉。

很多人问我内部讲师激励的问题，我说一句真实的内心感受：完全冲着课酬来的内部讲师一定不是什么了不起的讲师。好讲师更看重的是有施展自己才华的平台。任何组织里都有一些有才能、热爱讲台、喜欢讲课的热心人，"知之者不如好之者"，兴趣是最好的老师，企业大学应该把这些人组织起来，让他们成为组织能力提升的同盟军和先锋队。那些在企业内训上投入很多精力的人，久而久之，便会发现自己收获不菲——教学相长带来的业务水平迅速提升，得以优先学习外部的优秀课程，收获内部的知名度和快速升迁……

杰克·韦尔奇在担任GE公司CEO的20年中，举办了280次针对不同层级管理者的领导力培训，他每次都参加授课，每次都讲 2~6 个小时。GE 的管理者把自己在克劳顿维尔上课看作是极高的荣誉。

我相信，把培训部门定位为业务部门，把培训提升到战略执行、变革落地的高度，是很多企业董事长、CEO 期望达成的事情。然而，多数企业培训工作的现状仍然停留在没有和战略有效联结的状态上，培训部门还只是在贩卖课程。在我看来，日后培训一定会上升为公司的战略业务，一定会越来越讲求实效。因此，推行以战略为导航的培训将会具有普遍的社会价值，是值得企业为之投入大量精力的事业。

⑤ 企业大学是企业变革的助推器

面对如此形势，作为担负组织能力提升职能的企业大学是可以有一番作为的。企业大学可以扮演组织战略有效执行、变革成功落地推动器的重要角色。企业大学可以作为一个企业级的部门，协助推动企业变革，甚至潜移默化地改变企业文化，以使企业在业务层面能够迎合新时代客户的要求。在员工治理层面，企业大学能够帮助企业逐步发扬民主，激发和释放蕴藏在员工身上的巨大潜能，有规模地解决组织在变革过程中的人员能力问题。任何时代的变迁都需要意识先行，都需要持续不断地加强教育。未来的竞争比的不仅是战略定位，更是变革的速度与质量；比的不仅是产品，更是产品背后的团队；比的不仅是员工的数量，更是员工的状态和能力。在这样的形势背景下，企业大学在组织中的地位确实应当提到更高的层面。

2011 年 4 月，我们去 GE 考察时了解到：GE 对克劳顿维尔的定位是相当高的，他们最为自豪的是培养了员工在变革过程中所需的领导力，即使以后公司没有了杰克·韦尔奇和杰夫·伊梅尔特，克劳顿维尔也有自信能培养出优秀的人才来做 GE 的 CEO。

克劳顿维尔的很多培训是以组织发展中遇到的实际问题为命题的，学生们要进行三周的行动学习，其间还会有大量的社会调研和客户走访，希望他们能用行动学习的方式解决自身发展的实际问题。这就是中高层经理人的主要培训形式。克劳顿维尔同时还担负着组织战略变革孵化中心和优秀干部塑造中心的双重角色。真正的企业大学当如此定位。

处于社会浪潮中的你，要么主动冲浪，要么被浪卷走，你想要的未来就包含在那些你不想要的变化里。新时代已经来临，无论主动拥抱，还是被动接受，这个趋势都是不可阻挡的，你已无暇怀旧，所能做的只有拥抱变化。

二、如何让培训出绩效

杨国安老师在《组织能力的杨三角：企业持续成功的秘诀》一书中系统地阐述了组织能力和战略的关系。遗憾的是，国内多数企业的培训部门还是以组织上课、执行层员工培训、采购课程等事务性工作为主，远没有做到培训连接战略。企业大学的标杆，比如 GE，一开始的定位就是聚焦战略和领导力的。所以，培训部门在组织中的定位决定其价值。作为企业大学校长，一定要努力把企业大学的价值做出来，有价值才会有地位。

> 培训部门在组织中的定位决定其价值。

想让培训出绩效，你可以从以下几个方面进行努力。

① 与业务计划合拍

从业务部门到培训部门，对我来说是个不小的转变。我虽然以前也经常讲课，但毕竟只能算是个培训爱好者。成为用友大学执行

上接战略 下接绩效
——培训就该这样搞

校长之后，我才发现内训在组织中的地位很低，跟我当分公司总经理时的感觉很不一样。在分公司时，如果每年能超额完成任务，我就会很自豪，很有成就感。当了用友大学执行校长后，虽然从职位上看我是升职了，但是在情感上总是有种莫名的失落感，整天忙死忙活的，也没有明显的成就感。

IBM 的一项面向全球 CEO 的调查显示，80% 的 CEO 认为，能力问题是制约企业发展的瓶颈，而在同一份问卷中，有 65% 的 CEO 认为，企业当前的培训是无效的或者针对性不强的。这就让人感到很奇怪，为什么会产生这样的结果呢？原因还得从培训部门在组织中扮演的角色说起。

某公司半年销售业绩不佳，总经理找销售总监问原因，销售总监解释说，是因为培训不够。于是总经理就把培训经理找来："员工培训不够，你们要抓培训。"培训部门于是立刻抓培训，马上去问销售总监需要哪些课程。销售总监本来只是拿培训不够当借口的，根本没想需要什么课程，于是随便说了几个：沟通技巧、阳光心态、拜访技巧等自己熟悉的名字。

然后，培训部门开始认真组织培训，生怕销售部门不满意，找了市面上最好、最贵的老师来公司讲课。销售部门的员工报名时很积极，很快就报了七十多人，可是培训那天只到场了二十多人。

培训经理就问销售总监是怎么回事，销售总监说："你们这些搞培训的，真是站着说话不腰疼，也不看看现在是什么时候，销售员都在外面签合同收款呢，哪儿还顾得上培训？"如果你是培训经理，听完这番话会不会感觉很窝火？

第一章 做"上接战略，下接绩效"的培训

这样的场景在企业中很普遍，而且大有愈演愈烈的趋势，如果企业内训不能有效打破这种恶性循环，建立起积极正向的良性循环，培训还能在组织中获得高地位吗？培训业务能有价值吗？多年的业务经验让我意识到：但凡工作开展得很吃力，首先要检讨方法是不是有问题。我曾经呼吁：培训到了该讲求实效的时候了。但是讲求实效的突破口在哪里呢？我很快就洞察到培训无效或者针对性不强的根本原因。我们知道，包括公司CEO在内的几乎所有的业务部门主管，在年度工作计划中都会用相当大的篇幅来描述能力提升计划。然而，培训部门的年度培训计划却往往跟业务部门的能力提升计划脱节。

> 但凡工作开展得很吃力，首先要检讨方法是不是有问题。

我们先来分析一下公司内部年度培训计划的形成过程。通常是由培训部门先制作一张表格，要求业务部门提出当年的培训需求，培训部门将这张表格发到各个业务部门总经理的邮箱后，会要求他们在一周内回复。如果你是业务部门总经理，你会认真填写这张表格吗？通常不会。会填吗？可能也会填，因为人力资源部门同时掌握着经理的晋升和薪资，不能得罪。所以，你可能会在星期五下午快提交的时候，把这张表格交给助手来填写。助手只能根据自己的有限经验开始应付，把沟通技巧、阳光心态、七个习惯等需求填了进去。培训部门以为这就是业务部门的真实需求，于是照单抓药，外请了一大堆名嘴轮番上阵。这些需求真的是业务需求吗？不一定。

如果一个公司的年度培训计划是这样产生的，毫无疑问，这些培训上不接战略、下不接绩效，一开局就注定了是无效的或针对性不强的。我发现：年度培训计划的形成原本应该有个过程，而我们非得把它简化成只要结果。一旦简化成只要结果，就变成业务部门不得不应付的任务。而人们天生有应付任务的习惯，培训不具备针对性的症结就出在这里。所以我提出，这种上不接战略、下不接绩效的培训完全可以不做。

这样的问题该怎么解决呢？一个行之有效的办法就是，和业务部门一起研讨形成培训计划。培训计划不是一张表格，而是一个根据业务计划盘点能力差距的过程。如果年度培训计划是培训部门跟业务部门一起分析业务部门的年度业务策略得来的，那么结果就会大不相同。所以用友形成计划的过程通常是跟业务部门一起进行行动学习的过程，培训计划是被催化出来的。行动学习是一套组织员工集思广益，整合集体智慧解决现实问题的方法，后文对此会有详细介绍。行动学习的基本输入是业务部门总经理的年度业务策略计划（即汇报用的PPT），尽管这个计划里通常会有大量的篇幅描述能力提升计划，但遗憾的是，年度业务策略计划报告完成之后，一般就蛰伏在总经理的电脑里了。

我们想要做有针对性的培训计划，就必须从年度业务策略计划的研读开始。跟业务部门一起分析业务策略——汇总年度重要策略和重点工作有哪些，根据业务部门的战略、机遇、优势、劣势及团队能力进行现状分析，提取需要提升的能力。之后再看其中哪些能力需要引进，哪些能力需要培训，这些能力应该用什么样的方式培养，需要学习哪些课程，自主开发哪些课程，等等。这样形成的培训计划，因为跟年度业务策略计划有紧密的衔接关系，所以我们有理由相信，它跟公司发展战略是一脉相承的。

举一个真实的案例。用友曾经有一个业务策略，是要重点突破大项目实施经理的项目把控能力。随着业务的快速发展，大项目越来越多，项目经理的能力已经成为大项目交付的一个瓶颈。针对这个问题的培训计划应该怎么形成呢？我们和事业部的同事一起组织了一次行动学习，在全国抽调了二十多位大项目实施经理，我亲自担任催化师，用了一天的时间，分析了他们现在遇到的挑战、主要的瓶颈表现、能力现状的基本面等内容。团队共创出当下最紧迫的能力需求，又用行动学习的方式共同探讨了这些能力的培养方法。从早上八点半到晚上五点，我们合作总结出当时急需开发的七门课程，以及每门课程所涵盖的主要能力要素，最终形成课程开发与培训计划。

② 站位越高，价值越大

一般来说，培训需求有三个来源（见图 1-1）：能力驱动、问题驱动和战略驱动。

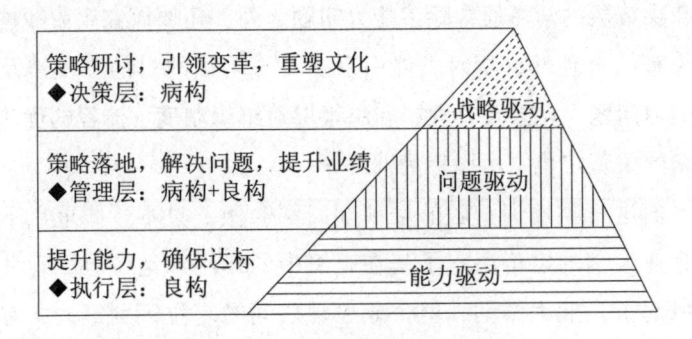

```
策略研讨，引领变革，重塑文化
◆决策层：病构                              战略驱动

策略落地，解决问题，提升业绩
◆管理层：病构+良构                         问题驱动

提升能力，确保达标
◆执行层：良构                              能力驱动
```

图 1-1 培训需求的三个来源

最下层的是能力驱动，假设企业的战略、策略都是完美的，制度、流程也都是正确的，那么组织的核心问题就出在员工素质能力满足不了工作的需要上。培训对象应该是执行层的普通员工，培训目的是提升员工能力并帮助他们达标，培训内容通常是一些成熟的知识。企业的新员工培训、岗位技能培训、从业资格认证等都是解决这一类问题的。

中间层的是问题驱动，假设企业的战略方向没有问题，而具体的业务策略在执行过程中遇到阻力或问题，那么培训的目的就是解决业务问题，提升业绩。有些问题有现成的解决方案，需要开发成课程向基层传递；有些问题则没有现成的解决方案，需要组织相关人员进行研讨，这类问题用行动学习的方式解决比较合适。

> 培训的目的就是解决业务问题，提升业绩。

最上层的是战略驱动。随着企业经营外部环境的快速变化，企业的战略需要快速调整。培训的目的是研讨更好的组织战略，引领组织变革，甚至重塑新的战略框架下所需要的企业文化。

根据克里斯·阿吉里斯的组织学习理论：执行层的学习是假设组织的战略、制度、流程等都是完美的，只是员工能力跟不上要求，培训的目的很单纯，就是提升员工能力，这种学习称为单环学习。而管理层和决策层的学习通常除了能力问题之外，还要探究企业战略、制度、流程的合理性，随时可能引发变革。培训的目的不仅涉及执行层的能力问题，还涉及管理层和决策层对组织制度、流程的优化，甚至战略的重新定位，所以称为双环学习。

上面这三类培训一般的培训部门都会做，只不过侧重点不同罢了。企业大学的定位决定了其在组织中的作用和地位。尽管社会上已经掀起了企业大学潮，但企业大学之间的定位区别很大，有的只聚焦新员工培训，有的只聚焦领导力，还有的定位在变革推动导向。我了解的很多企业大学，虽然牌子挂的是企业大学，但其定位只是"课程贩子"，只能满足业务部门零散的培训需求。比如，某业务部门经理参加了外部的培训，感觉很有收获，回来就让培训部门请这个老师来企业讲课，全然不顾自己的业务是否需要。曾经有一个企业大学的校长跟我交流时，谈到了培训预算与外部采购课程的问题，他说他们每年有上千万元的预算，其中有一小半用在了采购外部的优秀课程上。我反过来问他："你每年花了组织那么多钱，请问沉淀下来什么无形资产了吗？"他回答说，这些通过培训获得的能力都体现在各级员工身上了。但请你试想一下，员工稳定吗？你每年花了组织那么多预算，都沉淀了些什么？对此我有一种直觉——如果企业大学的定位不高，那么有一天很可能会因为组织感受不到其价值而被取缔。任何组织最基本的使命都是创造价值，没有价值或者价值不大的话，处境就会很危险。

我们2011年4月去美国考察GE的克劳顿维尔时，清晰地感受到了克劳顿维尔的两个定位：一是领导力，领导力培养已经成为GE的核心竞争力，尽管GE在战略上走了大家认为的多元化危险路线，但企业运营一直非常稳健，关键就在于GE的人才培养是其核心竞争力；二是组织推动高级别群策群力，用行动学习的方式推动整个组织业务策略研讨，酝酿变革。GE克劳顿维尔的一位七十多岁的老师自豪地向我们介绍："克劳顿维尔，用五十年，五十英亩地，成就了一个世界级的GE。即使没有杰克·韦尔奇、杰夫·伊梅尔特，克劳顿维尔也一样会培养出其他优秀的人才来做GE的CEO。"

> 克劳顿维尔，用五十年，五十英亩地，成就了一个世界级的GE。

受此启发，我们认为用友大学的定位也应该是一直努力向上走，2012年重新回到集团后，用友大学的核心业务定位确定为三条：策略研讨、专业基础能力和通用能力提升、文化训导。我心目中的企业大学，尤其是世界一流的企业大学，在组织中应该占有很高的地位。

借用《菜根谭》里的一句话："立身不高一步立，如尘里振衣，泥中濯足，如何超达？"在尘土里振衣，在泥水里洗脚就干净不了，这就是定位问题。

③ 紧贴业务的课程开发

其实用友大学刚成立的时候，组织上并没有明确界定业务范围和行动路线，只有笼统的一句话：专业、系统、规模、持续地提升各类人员的能力。作为一个组织的负责人，始终应该考虑的问题是如何发挥组织价值，只有组织价值充分发挥了，你才能得到大家的认可，才能有地位和话语权。

参观过用友大学的不少同行都问过我："用友大学的课程体系是怎么建立的？"说实话，这个问题曾经一度让我有些尴尬，因为前两年我们并没有在这方面投入过多的精力。刚开始的时候，我们不是没想过先搭建各级各类人员的培养体系，但实在是情势不容许我们这么做。当初为了组建企业大学，我们向王总建议，用友大学的教职工应该是业务线的骨干，让全集团最好的专家在用友大学任教，绝不能"武大郎开店"。王总同意了我们的建议，为了快速组建团队并吸引骨干人才加盟用友大学，我们申请了一条特别政策，即愿意加盟用友大学的业务骨干和专家，被用友大学录取后就地涨薪10%。在这个政策的吸引下，用友大学的团队组建在一个月内迅速完成。

吸引到公司业务骨干的同时，我其实也顶着巨大的压力，因为这些业务骨干在业务中扮演着极其重要的角色，他们原来的部门是在不得已的情况下才放他们走的。于是，就有人在背后议论说，用友大学把公司顶级的专家调走，整天养在15号楼不知道干什么，这些专家在业务部门每年都能拿下上千万元的订单呀。所以用友大学必须尽快出成绩，体现出自身价值，否则就会被唾沫星子淹死。

在这种背景下，我每天想的都是怎么快速体现用友大学的价值。最终我们采取的策略是，每个序列每年开发一到两门跟当年核心业务策略紧密相关的精品课程。这些精品课程要紧贴业务，始终聚焦业务部门急需的各种能力，比如2009年的四门课程分别是：针对经理人的"绩效管理"，对当年公司绩效考核系统进行全面升级；针对销售人员的"策略销售"，旨在解决大项目销售中的营销策略制定问题；针对顾问的"捍卫尊严"，解决顾问和项目经理的工作动力与项目沟通问题；针对研发人员的"快速响应"，引导研发人员的客户思维和面向市场的意识。以上这些课程都紧扣了当年的重要业务策略。再如2012年的六门精品课程，分别是针对经理人的"商业模式工作坊""继任者计划"，针对研发

第一章 做"上接战略，下接绩效"的培训

人员的"敏捷开发"，针对营销人员的"客户经营"，针对顾问的"项目管理关键时刻"，还有一门文化课"幸福在哪里"，这些课程都和当年的战略主题紧密关联。

我经常想，假如我一上任就致力于建立各类各级人员课程体系，那么在公司业务快速转型的今天，等我花很大精力把课程体系建成了，再按照体系开发课程、开展培训的时候，就会发现业务早就已经转型了，这个体系又落伍了。所以我个人认为，在一个快速多变的商业环境下，在一个快速转型的组织中，从头开始建立课程体系不如直接聚焦战略转型中存在的问题来得直接。搭建课程体系固然重要，但一定不是最重要的，培训部门最重要的事情是协助业务部门解决实际问题，帮助他们实现业绩指标，所以实用才是硬道理。

用友大学一开始并没有从搭建课程体系做起，而是做紧贴业务的精品课程，经过几年的积累后，我们的课程体系自然就形成了。开发这几门课之后，我们回过头来把课程梳理一下，就成了课程体系。如果我们一开始就规划课程体系，用友大学能不能存活到今天还是个未知数。我觉得课程体系是自然形成的，不是简单地列出一张课表就完事了，一开始搭建出来的课程体系只能是纸上谈兵、闭门造车，经不起实践的考验。

经过三四年的摸索，我们根据自己的业务流程，抽取关键任务、萃取关键能力，最后将关键能力及业务能力的模型和非业务能力的模型进行结合。新员工就可以按照这几年积累下来的课程，按级别、分步骤地进行培训。

还有一点很重要，开发紧贴业务的精品课程很容易看到效果，每门课程的推出都能收到大量来自一线和业务部门的积极反馈，业务部门的认可对我们来说是很大的激励，可以激励我们再出精品。所以，凡事都需要用阶段性成果来激励团队前进，任何组织都要第一时间找到自己存在的价值来激励团队。

由此，我们提出用友大学的业务方针是：面向差距、紧贴业务、专

业学习。面向差距就是要面向战略转型过程中的能力差距。企业大学是公司业务转型、战略执行、变革落地在组织能力上的推进器，只有培训与战略连接，对业务人员的业绩才会有直接的帮助和促进，才能够更充分地体现出培训的价值。紧贴业务就是课程开发要紧紧把握业务的需要，培训需求要源自业务部门的业务需求，培训内容要源自业务中最真实的场景，知识技能汇聚业务开展过程中的最佳实践，贴近业务实际，学生才愿意深度参与。专业学习就是要用专业的方法推动整个组织学习，深入研究教育学和心理学，教学过程中要充分考虑成年人心理和生理的特点，让教学过程更科学、更专业。

④ 课程内容聚焦业务需要

想要把有限的培训经费和资源用好，最好的办法就是聚焦。我们每年针对一个序列只推出 1~2 门课，学生对课程的期待很高，课程的定位必须精准、针对性极强才可以。所以，每年的精品课程名称定下来之后，课程需求调研就是头等大事。每门课究竟应该涵盖哪些知识点、解决哪些问题、培养什么技能，明确这些很重要。

我们通常采用行动学习的模式，抽取学生代表和相关业务骨干，用团队列名或投票的方式筛选出大家公认的要解决的问题。当然，这些问题会有很多，但我们一般聚焦在排名前六七名的问题。排名靠前的问题一般具有普遍性，我们便将这些问题作为课程的核心内容。因为业务开展中 80% 的障碍是由 20% 的问题引起的，所以培训要聚焦这些问题。其余有一定数量的问题，则鼓励大家在社会关系中学习——请教老师傅、老员工。最后长尾的个性化问题，则要大家在工作中学习。课堂培训永远只能解决那些最集中的问题，这就是课程内容的聚焦原则。

为什么要如此聚焦呢？假如一门课要给学生讲十点知识，其中两点跟学生的实际工作关系不大，培训会是什么效果？比如给销售人员讲课，老师从宏观经济分析讲起，按理说这些知识也是有价值的（比如迈克尔·波特的五力模型），可是，学生在课堂上看到第一单元讲五力模型，就会暗自忖度："这玩意儿能帮我签订单吗？能帮我追回款吗？恐怕不能吧，那我先开会儿小差，眯瞪一会儿再说。"结果一觉醒来，老师讲到第三单元了，中间的第二单元也许很有用，但学生已经耽误了，一看第三单元老师又在讲价值链理论，学生又思忖："这玩意儿能帮我签订单吗？能帮我追回款吗？还是不能，那我就再开会儿小差吧。"等学生的心思再回到课堂上的时候，老师也许已经讲到第五单元了，这时候学生即便发现第五单元很有用，但因为前面的内容都没好好听，结果肯定跟不上了，于是就彻底放弃了。由此可见，一堂课只要有20%的内容针对性不强，就足以失去学生的全部注意力！

> 一堂课只要有20%的内容针对性不强，就足以失去学生的全部注意力！

在如何选择培养的学生方面，早在用友大学成立之初，我们就提出绝对"不撒胡椒盐"，而是要重点培养那些高忠诚度、高经验值、高绩效、高潜能、高传承能力的"五高"人才，再由这些"五高"人才去带动公司里的其他人才。

⑤ 微行动学习保证培训落地

尽管精品课程很聚焦，但毕竟精品课程的开发需要周期和投入。而组织中有很多问题是突发的，需要紧急应对，这就产生了由问题驱动的培训需求。对于这一类问题，最好的解决办法就是行动学习。我认为行动学习最大的优势是没有课程也可以培训，比如以某某问题研讨班的名义组织培训。在培训过程中只抛问题，不给答案，老师组织学生对实际问题进行研讨，收集学生的观点和建议，快速形成解决问题的建议方案。把第一次行动学习的结果加以整理，就能大致形成一个课件，再进行全国培训。因此，行动学习在组织中的很多场合都可以大显身手。

经过三年的持续强化，用友集团内部把行动学习已经固化成一种工作习惯，也就是我们提倡的"微行动学习"。有些东西一旦变成"微"的，就会更加容易操作，也更容易普及。如果在课堂上只有二十分钟的时间研讨，我们就会采用微行动学习的方式：把二十分钟分为几个阶段，各自独立思考三分钟，分享感悟每人一分钟，相互质疑、补充建构五分钟，得出结论两分钟。像这样一个简单的过程加一组规则就可以了。别小看这简单的规则，既有效地防止了"大嗓门效应"，又让每个人都有机会表达意见，该聚时聚，该散时散，让研讨变得有序，效果非常好。课程的挑战性越大，行动学习的效果越出人意料。

行动学习最大的优点是具有实用性和时效性，其中实用性体现在应用面广、效果显著上。行动学习法是一种方法技能，突出特点是不管具体问题是什么、无论研讨的内容是什么，用行动学习的方法都能有效地组织团队群策群力、集思广益。

> 问题是课程大纲，学生是老师，老师是催化师。

"问题是课程大纲，学生是老师，老师是催化师。"——满足这三个要求的所有组织形式都可以运用行动学习法。掌握了这个核心内容后，形式便可以非常灵活、创新。近几年，用友的经理与专家夏令营上的行动学习形式都是我们自己创新出来的。行动学习之所以能够在用友普及并形成习惯，绝对不是因为用友大学或我本人有手段，而是因为行动学习固有的魅力，这种方式能够有效激发学生参与讨论，点燃学生激情。GE 群策群力的总设计师及推动者戴维·尤里奇教授用铝热反应形容行动学习的魅力，他在 GE 演讲时说：

要使一块木头燃烧，必须把它加热到一定的温度。最初的加热需要外部的能量，当这块木头燃烧之后，它就能够自持并放出光和热。有一种化合物拥有比燃烧的木头更强烈的火焰，它由铝粉和铁的氧化物组成，自身是冷的、无生命的，但被加热到可燃温度后，就变成了充满光和热的自持资源。一旦燃烧起来，它就不能用普通的方法熄灭。它可以在水中等能使一般火焰熄灭的环境下燃烧。燃烧的时候，它不依赖周围环境的支持，而是自持能量。

行动学习的另一个突出优点是时效性，工作中出现的任何需要集体研讨的问题都可以用这种方式解决，不需要太多的准备，也无须复杂的道具。我经常说行动学习是超级替补，它给了我无限信心，使我敢于面对复杂的甚至是未知的难题，敢于迎接超出自己能力范围的挑战。因为它给了我一个万能的退路，所以我的内心变得非常强大。我经常说："没有什么大不了的，实在没招了，还有最后一步棋可走，那就是行动学习。"

⑥ 讲求实效的课堂培训

现在用友大学的课堂培训都以研讨的形式进行，通常是讲师给场景、提问题，引发学生讨论，组织学生进行意义协商，最后由学生进行汇报。讲师一堂课一般有超过40%的时间都在和学生进行互动。

几乎所有人都能观察到一个现象：培训的课堂很热闹，但课后的效果不明显。要把培训的成功体现在行动和绩效上简直太难了。问题出在哪里？经过调查研究我发现，问题主要出在教和学的脱节上。传统的课堂是以知识输入为主，讲师准备大量素材，在课堂上侃侃而谈，学

上接战略 下接绩效
—— 培训就该这样搞

生被动地接受，没有机会练习。讲师天真地以为学生会在课后练习，殊不知，学生当堂都没有感觉，课后怎么可能使用呢？

我经常举一个例子，讲师在课上讲销售拜访客户的步骤，他在台上仔细地讲解，非常辛苦，最后还叮嘱学生："你们课后再琢磨琢磨。"下课后有几个学生会按讲师说的去做呢？可能不到十分之一。就算有个别认真点儿的销售员决定在拜访客户时试一试，等他一路上默念，鼓足了勇气去敲客户的门，尝试用讲师教的套路跟客户对话时，岂料客户根本不按讲师教的套路来，他一下子就慌了，他不会怀疑是客户的问题，而会怀疑是讲师讲的套路太理论化，不适用。

就这样，仅有的火种也熄灭了，这次培训的效果就会接近于零。所以我一向主张：讲师应该努力在自己能控制的范围内追求授课效果，那些让学生课后自己琢磨、练习，试图在自己不能控制的环节要求授课效果的培训注定是徒劳的、自欺欺人的。

> 那些让学生课后自己琢磨、练习，试图在自己不能控制的环节要求授课效果的培训注定是徒劳的、自欺欺人的。

我们的课堂不给学生太多的内容，而是给学生反复练习的时间，让学和习接轨，让学生在课堂上对各种可能出现的状况加以演练，直到学生有强烈的意愿和十足的信心，我们才有理由相信他在工作中会应用这些内容。

培训领域有一个很大的认识误区，就是如果员工能力不足，培训部门就不断地找新课。每年都开新课，把不同主张、不同流派的课程都上过了，员工的能力还不见提升，培训管理者就傻眼了。试想一下，如果一个销售员要上几十门课才能合格，岂不是把销售员往博士方向培养吗？这看起来好像很滑稽，但确实普遍存在。

销售是一种实战性很强的技能，没有那么多复杂的技巧，基本的技巧也就三招五式，熟练的老销售员甚至都意识不到自己用了什么技巧。所以，我们的销售课程就四门：一门教制定有效销售策略的"策

第一章 做"上接战略，下接绩效"的培训

略销售"，一门教拜访客户的"信任销售"，一门教跟客户合作开发解决方案的"以客户为中心的销售"，还有一门教"谈判技巧"。课程只有这几门，关键要反复练习，让学生形成肌肉记忆，达到下意识就能应用的境界。

关键在于学生会没会，只要学生没学会，老师就要反复教，变着花样地教。我们甚至会把一门课的案例、逻辑、形式等重新组合包装，另起一个名字再次培训，实际上知识点还是那些，只是让学生感觉是一门新课。有心的学生会问我："老师，这门课跟××课的实际内容是不是一样的？"我会坦然回答："对，这门课就是××课的另一种形式的强化，因为你们对这部分技能没有完全掌握，所以要反复强化。又怕大家感觉枯燥，我就换了一种新形式。"只有大家从多角度理解了，反复练习掌握了，在实践中证明了，这些有效的技能才会被迁移到工作中去，并持续使用。这样的培训才是"下接绩效"的培训。课堂上，老师教给学生的不仅仅是具体的技能，更重要的是让学生有自信、有兴趣、受到激励，下课后学生才会主动去"习"。

我们很注重在课堂上检验学习的效果。课堂上讲师要和学生保持对话状态，即使是演讲，也要和学生进行眼神的交流。一堂好课需要学生积极参与进来，讲师给学生的信息就像是一种营养物质，需要学生自己去消化和建构，最终变成自己的。如果一堂课始终是学生在被动接受，就说明课程设计出了问题。课堂上，讲师在讲课的同时，要多观察学生的注意力在不在课堂上，有没有呼应讲师，参不参与互动，这是衡量课堂效果的重要标准。

课堂效果要当堂检验，事后再用柯氏四级培训评估就晚了。柯氏四级培训评估包括评估被培训者的满意度、测定被培训者的学习获得程度、考察被培训者的知识运用程度、计算培训创造的经济效益。态度类的技能要让学生用自己的语言，结合自己的经历阐释；动作类的技能和智慧类的技能需要学生当堂反复练习四遍以上；现场集中培训

要压缩信息类知识的比重，现在互联网学习很方便，信息类的知识让学生自己学习就可以了，没必要把课堂变成干讲知识的场所。绝对不要奢望上课时大家都不积极参与，甚至开了小差，课后却主动应用课堂所学的情况出现。

⑦ 课后持续强化和学生交流

课堂所学内容在工作中能否得到应用，一个重要的影响因素是工作的环境。比如，学生学习了一门自认为非常有价值的课程，在课堂上非常兴奋，暗下决心一定要在工作中应用。上完课，回到公司上班，发现同事们还是原来的样子，就积极地用课堂所学内容启发、说服同事们，没想到，同事们用诧异的眼神看着他，甚至觉得他可能抽风了。被同事们一番冷嘲热讽之后，该学生的新鲜感也过了，可能会想课堂所学未必实用，于是便不会有行动了。

较好的解决办法是把所有受过培训的学生都组织起来，形成一个相互强化的社会影响圈。我们的很多课都有学生交流群，上过这门课的学生，甚至是社会上的学生都可以参与到这个群里。其中典型的是夏凯以"信任销售"为纽带创建的信任销售群，非常活跃，有好几百个参与者。学生会在群里请教问题、分享自己的经历、交流心得，也会给其他人支着，形成一个课程社区。课后大家的相互交流、相互协助和相互影响对学生来讲非常重要。

我心目中理想的员工培养方式应该是用一两门精品课程给学生带来震撼的效果，引发学生向高层次建构自己的认知。课后有一个进行课程研讨的社区，学生们在社区里持续强化自己的建构，用社会心理学的观点讲就是进行群体强化。学生们还可以不定期搞面对面的沙龙，大家共同修炼，直到完全内化课程所承载的技能。互联网拉近了大家的距离，社区化学习是未来的趋势，社区交流是从课堂到客户迁移的重要环节。现在用友集团有一个面向全员的企业空间，这个企业空间当然也是学习空间，以某门课程或某个话题为纽带的虚拟学习圈很多，这种方式对促进学习持续强化非常有价值。

还有一个不错的办法，就是培训结束后面向学生征集优秀应用案例。这个方法虽然有点传统，但会起到一定的作用。总之，我觉得以课程为纽带拉圈子，是一个不错的让培训下接绩效的办法。

三、对员工进行系统化培养

课堂培训是点状的，而员工培养则需要系统化，甚至还需要个性化。培训可以大规模进行，培养却需要依赖某种机制，发动业务经理、高阶骨干员工共同进行。因此，2011年用友大学提出了系统化培养开发方案，简称 STEP（Systemic Training & Exploitation Programs）。这个方案设计的核心思想是从两个维度看问题。从员工从事工作需要的能力维度看，能力可以分为岗位技能、方法技能和社会技能；从能力学习的途径看，主要包括在工作中学习、在社会关系中学习和课堂培训，而这三者在能力发展中的比例是70∶20∶10。课堂培训仅占员工能力发展的10%，这个比例听起来很低，但从建构主义学习的观点看，我们无时无刻不在学习，在工作中学习和在社会关系中学习是学习的常态。（建构主义认为，知识是学习者在一定社会文化背景下，借助其他人帮助，利用必要的学习资料，通过意义建构的方式获得的。后面章节中会有详细介绍。）培训远远不是员工培养的全部，员工培养的概念比培训大，把组织能力提升简化成培训，那是天大的误会，因为课堂培训能解决的问题实在有限。下面重点讨论在工作中学习和在社会关系中学习。

> 我们无时无刻不在学习，在工作中学习和在社会关系中学习是学习的常态。

① 在挑战性任务中快速成长

既然一种能力的 70% 是在工作中习得的，那么员工能力发展的巨大潜力就在于挑战性工作中锻炼。我分析了身边很多快速成长的同事和朋友，发现对他们成长贡献最大的时期是迎接过艰难挑战的时期——公司给了他们锻炼的机会，使他们承担了大于其能力水平的工作。他们想尽一切办法挺了过来，之后就有了快速的突破和发展。比如，我的一位同事被组织破格提拔为省区总经理，一开始很多人都为他捏了一把汗，他自己也不是很有把握，艰难地应对各种挑战，跟跟跄跄地站稳脚跟。一年后我们明显感觉到他跟换了一个人似的，各方面都有了长足的发展。挑战性的工作给了这些同事很多培训不能给的能力，加速了他们的成长。当然，也不乏被挑战击垮，退下阵来的案例。

所以，我认为从成长的角度看，最直接和帮助最大的方法是将人置身于挑战性工作中，这对有强烈成就欲望的人来讲，效果也许会更明显。挑战能够激发一个人的潜力——这是管理学界公认的道理，因为挑战会逼着一个人主动想办法，甚至驱使人克服自己性格上的弱点，硬着头皮做一些在舒适环境中根本不会做的事情，如果能艰难完成这些任务，对当事人来说就是一种莫大的激励，这种激励会加速其改变和学习。挑战性任务是促使员工快速学习和发展的原动力，可以迫使当事人拓展其社会关系、寻求朋友帮助，也可以驱使当事人主动学习。可见，占学习成长贡献 70% 的挑战性任务甚至可以成为其他因素的驱动力，从这个意义上分析，挑战性任务对一个人的成长和发展起到的是决定性作用。

这里的一个重要问题是：对一个人来讲，什么是挑战性任务？我认为最重要的一条是：完成挑战性任务所需要的能力跟当事人的才干匹配度高，即当事人可以暂时不具备任务需要的所有能力，但要具备发展这些能力的才干和潜力。这实际上也是轮岗的重要条件，然

第一章 做"上接战略,下接绩效"的培训

而很多轮岗就是让人轮流去做其并不擅长的事情,最后变成了赶鸭子上架。把组织和个人都放到高风险中是一件很危险的事情,轮岗是在工作中学习的重要途径,但绝不可以为轮岗而轮岗。

> 轮岗是在工作中学习的重要途径,但绝不可以为轮岗而轮岗。

② 社会关系助力成长

除了在挑战性工作中学习和发展,还有一个重要的学习成长途径,就是在社会关系中学习。美国当代著名心理学家阿尔伯特·班杜拉的社会学习理论认为:学习会在自然中发生,人们时刻都在学习,都在观察和模仿别人怎么做。中国古人讲:近朱者赤,近墨者黑。可见社会关系对一个人发展的影响是巨大的。能给一个人提供学习、发展、反馈的社会关系被称为发展型社会关系,一个好汉三个帮,每个人身边都有影响其决策和发展的社会关系。人力资源开发中常用的师徒制、上下级的绩效辅导、团队沙龙等方法,都是促进团队成员在社会关系中学习的好方法。

发展型社会关系对一个人的影响方式是多方面的,亲密可信的社会关系对一个人的评价、反馈、诠释、支持都会影响其发展。

我经常在课堂上做这样一个游戏:随便请一个学生用三个形容词形容自己。学生回答完我的问题后,紧接着我会问:"你怎么知道你拥有这三个特点?"绝大多数学生会回答,从小大家都这么说我,或领导和同事都这么说我,诸如此类。可见,外界反馈对一个人的自我认知会产生巨大影响。所以,一个员工能不能快速发展,有一点非常关键,即直接上司和其他社会关系对他的反馈好不好,他的工作环境、社会环境中有没有很好的反馈者,有没有反馈文化。假如员工做一次演讲,没人给他反馈;员工刻意模仿领导某些特点,没人给他反馈;员工去拜访客户,也没人给他反馈……结果就是员工

029

上接战略 下接绩效
—— 培训就该这样搞

根本不知道自己哪里做得好,哪里有待改进,甚至有可能把不好的也当成好的来学习。所以,反馈是学习发展的关键。

在工作中,如果直接上司是个比较好的老师,就能给员工更多的反馈,传授更多的知识和技能,员工可以随时"学"、随时"习"。实际上,学习的最佳机会并不是在课堂上,而是在真实工作情境中。可惜的是,在事情发生的当下,管理者往往把全部精力用于关注事情,觉得只要把事情处理好就万事大吉,根本顾不上给员工提供一些及时的、有针对性的反馈,这就错失了最佳的促进员工学习的机会。

像吃饭、喝水这样的基本生活需求一样,寻求反馈是人类最基本的精神诉求。如果管理者忽视了给员工正式的、积极的反馈,员工就不会停止其寻求反馈的步伐,他们会用自己的方式进行探求——猜测、打听、试探。当然,这种自寻反馈所得到的信息不一定是客观、全面的,但员工会以这些信息为主进行意义建构,形成自己的认知,并以自己的认知做决策和采取行动。我们的大脑不被积极的思想引领,必然被消极的思想占据。可见,构建和发展积极的社会关系网络是管理者最大的责任。促进员工快速成长最理想的措施应该是这样的:首先,对员工做全方位的反馈和特征评价;其次,根据员工的特征及时给其适当的挑战性任务,激发潜能;同时用积极有益的发展型关系及时给员工以反馈、支持、评价和鼓励;最后,针对员工完成任务时遇到的困难做有针对性的培训。

> 我们的大脑不被积极的思想引领,必然被消极的思想占据。

这些观点和两千年前孟子的主张不谋而合。《孟子》有言:"故天将降大任于是人也,必先苦其心志,劳其筋骨,饿其体肤,空乏其身,行拂乱其所为,所以动心忍性,曾益其所不能。人恒过,然后能改;困于心,衡于虑,而后作;征于色,发于声,而后喻。"挑战性任务激发人们进行探索、反思、创新,激励其寻求反馈,这些其实不是"天"的意愿,实在是人类成长和发展的客观规律。

总之,对员工的系统培养是下接绩效的重要措施,这个措施的落地要靠机制，需要将内训机构、管理者、员工个人形成合力，也需要挑战性工作、发展型社会关系和课堂培训数管齐下，这是一个系统工程。组织绩效是员工绩效的汇总，帮助员工发展、促进员工提高绩效是仅次于组织战略定位的大事。

四、企业内训的四赢三闭环

说到底，企业还是营利机构。企业培训与学校教育最大的区别就是，企业培养员工是为了满足战略需要，让员工出绩效。企业内部培训最大的误区就是，把复杂的改变工程简单化为讲道理，导致员工道理听了一堆，但是没有根本上的改变。员工没有改变，讲师就没有成就感，企业的培训投资也没有回报。久而久之，培训就变成老师和学生彼此应付的事，管理层对培训没有效果似乎也变得习惯了，培训逐渐成为"食之无味，弃之可惜"的鸡肋。

理想的培训必须让员工有实实在在的改变，讲师能从员工的改变中体味到所授知识的价值，获得"传道授业"的成就感。这样，企业才能最终感受到因员工的改变而带来的额外收益，看到培训投资的回报。要使员工、讲师、企业大学、企业四个方面都感到满意，无论如何开展培训工作，你都要时刻思考下面这三个闭环。

① 第一个闭环：学生从知到行

第一个闭环，在学习中让学生实现从知到行的闭环。我所推崇的五星教学法，就是一个典型的能够让学生实现从知到行的教学方法，它用教学机制保证了这个闭环。五星教学法可以分为两个阶段，其中前三星是一个阶段，后两星是一个阶段。前三星的聚焦问题、激活旧知、论证新知,我称为"为了学而教",其目的是让神经元之间的轴突和树突产生连接。后两星的应用新知、融会贯通,我称为"为了用而教",其目的是让轴突和树突之间的神经递质大量传递,强化神经元之间的连接,于是就产生了愉悦回路,形成了一次学习闭环。

五星教学的前三星主要作用在认知上,后两星则通过促进学生的知识应用,实现其行为的验证、情感的认同,这样一来,认知—行为—情感形成了闭环。无论是从知到行的闭环,还是认知—行为—情感的闭环,都会强化原本并不牢靠的神经元连接,形成情绪记忆,甚至肌肉记忆。老师只有让学生在课堂上实现这样的学习闭环,才有理由相信学生有可能在未来实践中真正应用这些学到的知识,并通过实践逐步强化知识,最终形成固化在身体里的能力。反之,如果在课堂上学生就没有形成这样的学习闭环,只是在认知上得到了一些可能有用的知识,他们就很难在实践中真正地把知识调取出来,随着时间的流逝,之前产生的神经元关联就会弱化到聊胜于无的程度。

2022年年初,我交叉对比了人工智能的学习和人类的学习后,结合大量的心理学、教育学知识,在"学习力跃迁训练营"中首次提出了"学习力加速的 ACCP 循环模型"(见图 1-2)。

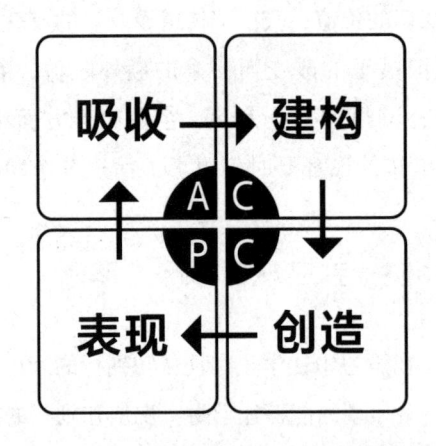

图 1-2 学习力加速的 ACCP 循环模型

第一章 做"上接战略,下接绩效"的培训

这个模型有两个维度,一个是意识学习和潜意识学习的维度,另一个是个体内学习和个体间学习的维度。这两个维度相互交叉,就形成了一个四象限模型:第二象限是个体间的有意识学习,我称之为"吸收(Absorb)",这是个体从外界获得信息、知识的过程;第一象限是个体内在的意识学习,我称之为"建构(Construct)",这是个体把自己的旧知经验和新吸收的信息知识做整合的过程;第四象限是个体的潜意识学习,我称之为"创造(Creat)",这是个体把建构的知识创造性应用于新的问题、新的场景的潜意识创造过程;第三象限是在个体间的输出、表现自己的创造成果,我称之为"表现(Perform)",这个表现能带来个体间的反馈,继而引发新一轮吸收、建构、创造、表现的学习过程。

从这个模型可以看出,真正的学习从来不会止步于知识的吸收和建构,只有把知识真正地转化成创造性地应用和实践,才能形成一个完整的学习闭环,这和我上面讲的要让学生形成从知到行的闭环是一致的。同时,要想实现学习力的快速跃迁,就要提升ACCP学习闭环的速度和力度。所谓加快速度,就是在一定时间内你能比别人多转几轮;所谓提升力度,就是你能真正大跨步地走出舒适区,开放接受新的知识,在转一轮的过程中不断反思复盘,让自己的收获远远大于别人。

不论是从教的角度还是从学的角度,闭环都是一种能力的体现。现实中很多人都不具备这种闭环能力,有些人看起来学习很努力,每天戴着耳机听各种课程,但是他们只是在认知上做到了"知道",却从来不在"用到"上下苦功夫。还有一些人看似非常聪明,正是这种自以为是的聪明,导致他们认为所有内容自己都能一听就懂,于是眼高手低,学什么东西都是脑补一下就完事了。有很多细节不实践是无法准确知道的,等真正去解决问题时他们就会变得不知所措,所以越聪明的人越容易和高能的智慧擦肩而过。

我带过很多学生，其中有一些就是我上面提到的这种聪明人，这种人觉得自己悟性很高，但总是和智慧擦肩而过。恰恰有一些我刚开始完全不看好的人，最终的表现却远超出我的预期。我在他们身上发现了一种"憨豆精神"，他们愿意踏踏实实地去践行、去应用。《论语》里有一句描述孔子的学生子路的话，"子路有闻，未之能行，唯恐有闻"，意思是说子路每次学到一点知识后，如果自己暂时还做不到，就唯恐别人再告诉他新的知识。在我看来，子路就非常懂得学习的本质，那就是知行合一。我认为现代人在学习时，也应该学习子路的方法，一步一个脚印地把知识都学扎实。

② 第二个闭环：老师在学生的改变中实现教学相长

只有学生实现了从知到行的闭环，老师才能够进入第二个闭环——老师在学生的改变中实现教学相长。

为什么很多老师上课时间一长就变得没有动力了，上着上着就变成应付差事了？其根本原因就在于，老师在教学中始终没有从学生的改变中感受到他所传授理论的价值。为什么老师感受不到？就是因为学生在他的课堂上没有形成从知到行的闭环，不能验证知识的有效性，也就不可能表达较为充沛的情感能量，灌输型的课堂就会让整个班级学生形成集体的"冷漠脸"，老师在教的过程中自然也不能从这些"冷漠脸"上获得反馈，更别提情感的满足和激励了。在这样的课堂中，老师的大脑无法被激发，长期缺乏多巴胺的释放，老师就会失去意义感、归属感、效能感和成就感。学生如果在学习过程中产生了一个实实在在的改变，就会给老师带来莫大的激励，让老师感受到自己的付出产生的价值。所以，老师的闭环一定是建立在学生的闭环基础之上的。

以我为例。多年前，我就旗帜鲜明地提出："不以改变学生为目的的培训都是耍流氓。"当时培训领域的基本水平很差，我提出这一点，其实是把自己架到了二梁上，如果做不出能让学生深度改变的培训，就是自己打自己的脸了。说实话，在提出这句话的时候，我并不完全具备这种能力。但既然已经把自己架到二梁上了，我就必须朝着这个目标努力。当一个人知道"为什么"的时候，他才能克服"怎么样"的问题；当一个人知道自己想要什么的时候，他的一切思维、一切创新、一切探索都会围绕着他想要的去努力。

当我重新定义培训的目标后，我发现全世界真的都在为我让路。我在教学实践中不断尝试新方法，然后不断地复盘、不断地萃取，去寻找那些真的能让学生发生改变的好办法。现在，我总结出了一整套行之有效的教学方法，其间也经历了很多坎坷波折。每一个方法背后都有故事，每一个技巧后面都有经历。

到底是什么东西支撑我十几年来持续不断地去探索？我的终极动力到底是什么？其实很简单，我带过的一批又一批的学生，他们实实在在的改变就是我最大的动力。每当我在课堂上看到他们因为改变而从内到外焕发出的那种精神、眼神里的那种光芒，我就无比幸福。很多学生都曾和我说，他们的人生可以分成前后两段，前一段是认识我之前，后一段是认识我之后，他们都愿意用自己真实的改变为我的教学背书。他们的这些反馈，让我更加坚定地相信以学生改变为中心的教学的价值，是对我的教学理论应用到教学实践中产生效果的最佳证明，也让作为老师的我真正实现了从知到行的闭环。

在课程设计时，我倡导摒弃传统的只让学生"了解什么""理解什么""掌握什么"等笼统的目标，而是要设置表现性目标。所谓表现性目标，就是学生在学完知识之后能够有什么样的表现。表现性目标是以终为始的，是直奔教学需要学生达成的改变而去的。传统的教学目标对老师没有压力，老师可以由着自己的性子讲，完全是以老师为中心——我跟你讲了，你就应该了解；我给你推导了，你就应该理解；我给你演示了，你就应该掌握。但是，学生真正了解、理解、掌握了吗？根本没办法检验。因为以老师为中心、以内容为中心，学生根本没有机会去表现、去实践，所以怎么可能评估出真实的教学效果呢？于是，教学评估在传统教学中成了一个"世界级"的难题。

如果使用表现性目标，牵一发而动全身，那么一切都会变得不一样。老师会有压力，因为他的目标是要学生实实在在地发生改变；学生也会有压力，因为他们要在老师的带动下真正动脑动手实现改变。于是，教学内容、教学过程、教学形式等都得围绕着表现性目标而改变。讲一讲就要让学生练一练，练完了还得让学生汇报一下，才有可能真正检验学生是否实现了表现性目标想要达到的改变。有了表现性目标，学生从知到行的闭环就容易实现了，而老师的教学是否有效的闭环也就能相应实现了。

③ 第三个闭环：组织因学生改变得到绩效提升

第三个闭环更为关键，但也更容易被培训从业者忽视，那就是：组织因学生改变得到绩效提升。第三个闭环是建立在前两个闭环的基础上的，通俗一点说，就是要让花钱的人感受到他的钱花得值，他投入的培训预算也是真正有回报的，对内训师的培养是一次成功的投资而不是一次失败的消费。

第一章 做"上接战略，下接绩效"的培训

我在一个访谈节目中和一位培训公司的老总连线，他特别诚恳地问了我一个问题，他说："我看到很多企业老板对培训的态度是冰火两重天的，有的人大幅度地裁撤培训预算，有的人又在加强培训的投入，请问为什么会出现如此极端的两种现象呢？"

我回答说，我理解每一个决策者的心态。为什么有的老板会大量地裁撤培训预算？因为那些老板从来没有尝过培训促进业务的甜头，他们会觉得培训很鸡肋。以前因为别人都在做培训，自己不做会感觉不好意思，所以这些老板会做培训，但是做完了看不出对业务有增长效果，尤其是在经营变得困难时，他们索性就抛弃这个鸡肋。为什么另外一些老板会加强培训？因为他们认为培训是一种投资，人是企业最重要的资产，人对了事就对了，如果把产品比喻成鸡蛋的话，人才就是下蛋的鸡。这些老板认为培养人才是企业发展的根本，越困难越要加强对人才的培养。

认为培训是消费的老板，遇到经营困难当然会减少消费；认为培训是投资的老板，自然是越困难就越要做好投资。问题的关键是，他们是怎么形成"培训是消费"或"培训是投资"的价值判断的？其实很简单，那就是培训从业者是否真的专业，是否真的能让这些老板感受到培训对业务的价值。

中粮集团对行动学习推动业务增长有非常深刻的体验，深度认同行动学习对组织发展的价值，因此在中粮内部全面推广行动学习培训。这就表明其老板是认可培训对业务的价值的。在核电领域里有一家知名央企叫中国广核集团有限公司（简称"中广核"），他们一开始

就特别重视培养核心技术人才。中广核对核心技术人才的培养是下了大力气的,据说培养出来的核心技术人才被称为"黄金人",就是说培养一个人才所投入的费用相当于和这个人体重相等的黄金,只有这样他才可能把关键技术真正学到手。事实上,核心技术人才确实推动了中广核的快速发展,所以现在的中广核仍然非常重视培训。

如果你的老板不重视培训,那就是之前的培训师、培训管理者所欠的账。但是,未来五年、十年里你的老板能不能重视培训,那就要看你能否做出价值。把组织当成培训的投资人,培训工作就是要给投资人一个回报。

我常说,没有乏味的工作,只有"油腻"的人。实际上我们在工作中产生的厌倦与懈怠,都是因为我们在工作中找不到愉悦回路。所谓"油腻",就是我们不能给工作赋予意义,不能让行动和意义之间形成闭环。作为老师,如果你能在课堂上让学生当堂找到闭环的感觉,如果你能让自己找到教学相长的感觉,如果你能让培训的投资方感受到培训对其业务的价值,那么培训就是可持续的。如果上述这三种感觉都没有,培训就是不可持续的,结果就是所有人越干越没劲。请你做如下反思:

第一,在你的课堂上学生是否实现了从知到行的闭环?如果没有,你要如何改进?

第二,在教学过程中你有没有体验到因为学生的改变而实现教学相长的闭环?如果没有,你要如何改进?

第三,你所在的组织有没有因为你的培训变得更加认可培训对业务推动的价值?如果没有,你要如何改进?

第二章

精品课需要精雕细琢

我们提出了"坚持精品路线不动摇"的口号。这一指导方针对后来用友大学的发展以及品牌形象的树立起到了至关重要的作用,用友大学逐渐形成了"要么不做,要做就做精品"的习惯。我曾经举例说,假如我一年给某个员工安排两场培训,一场效果非常好,另一场效果很一般,那么他对培训的总评很可能是感觉一般;如果我只给他安排一场培训,却让他深受启发或学到一些可操作的技能,让他印象深刻,那么他将对用友大学的课程很期待。用友大学从一开始就在坚持课程的精品路线,就是梦想成为世界一流的企业大学。

第二章 精品课需要精雕细琢

对任何培训教育机构而言,课程都是最核心的产品。开发适配企业需求的好课程是企业大学义不容辞的责任。想从培训部门升级为企业大学,首先要升级的就是开发自主课程的能力。本章主要介绍的就是用友大学的课程开发主张及核心过程。

一、精品课是这样开发出来的

郭延生任高级副总裁主管人力资源工作伊始,就提出了一个响亮的口号——让人力资源工作不太一样。"不太一样"四个字的威力很大,它驱使我们开始大胆创新。作为培训板块的用友大学,当然也在思考现在的培训和原来的培训有什么不一样,如何才能做到"不太一样"。用友大学的课程和以前的课程如何给人"不太一样"的感觉呢?这还得从课程开发说起。

① 编故事、拍视频——第一门精品课"绩效管理"

在2008年年底,"蓄水池计划"(用友大学的人才储备计划)即将结束的时候,郭总把我叫到办公室吩咐了一项任务。公司的绩效考核制度即将在2009年正式升级,为了配合新绩效考核制度的有效实施，很有必要给全国各级经理进行一次绩效管理技能及新绩效管理制度学习的培训。其实成立用友大学是郭总加强人力资源建设的战略步骤之一，其中还有一项战略任务是升级绩效管理制度，当时郭总提出了"五个一工程"：

- 一个目标：实现绩效管理系统的全面升级；
- 一个制度：发布新的绩效管理制度；
- 一套软件：使用用友自己的 E-HR 软件；
- 一门课程：用友大学开发一门绩效管理课程；
- 一套工具：配套行之有效的简单工具。

（1）不折腾，开发不出精品课

开发一门课程，是用友大学的重要任务，我深知这门课要在用友的经理人面前亮相，也将是用友大学面向全部用友经理人的第一次亮相。

领到任务后，我和团队开始夜以继日地工作，尽我们所能地搜集有关绩效管理的文档，最终整合为一个超两百页的 PPT 初稿。同事和我说："校长，这个 PPT 里所涵盖的知识面实在是太广了，恐怕也只有你能讲了。"于是我只能硬着头皮去做汇报，结果讲了不到十分钟就被郭总打断了。郭总说："如果我是来听课的经理，早就打瞌睡了，而且我还会质疑这些理念与我何干？以前 KPI 考核（关键绩效指标法）的方法用得好好的，为什么要改？新的制度想让我做哪几个动作？具体要如何做？"他接着又补充说，"课程要精简，不需要讲太多理念的内容，而是要教会经理关键的技能，要让他们理解制度里的核心理念，最好用场景化、故事化的手法，深度结合制度做出生活化的演绎。"

得到郭总的反馈后，我们全面推翻了第一稿，开始深入研究新制度，了解新旧制度的本质区别，搜集了一线真实的绩效故事，对部分经理做了访谈……在这些准备的基础上，我们开始编写沟通确认 PBC（个人事业承诺）、绩效面谈等环节的案例，准备用情景模拟的形式上课。几经修改，完成了四五个绩效小案例后，有人提议，既然课堂上要学生进行情景模拟，我们何不自己先情景模拟一下。于是我们开始分别扮演经理与员工的角色进行对话，这段对话的确很有意思，所以我们就用家用摄像机录了下来。两周后，我们拿着深度结合制度、场景化的新课件再次提交评审。这一次，我们自己都不好意思看的视频吸引了评委们的目光。郭总当时就指示：像 MOT（Moment Of Truth，关键时刻）一样拍摄用友自己的绩效故事是很好的方法，虽然这个视频拍摄的效果一般，但场景化的意思出来了，这个路子是对的。

（2）熬夜编故事

郭总的鼓励让我们团队信心十足。当晚我熬了一个通宵，从晚七点到次日凌晨五点，将几个不连贯的案例糅合成一个完整的故事。故事中虚拟了一家用友的分公司——天海分公司，描绘了销售经理和员工、服务经理和员工，以及总经理、HR 等不同角色之间有关绩效管理的场景和矛盾冲突，其中很多片段我都很熟悉，很接近分公司的真实情况。第二天一早，我就把通宵劳动的成果发给用友大学的同事，大家看了剧本都很振奋，把不同场景贯穿成了一个完整的故事，既生动又有代入感。

现在回想起来，那时候自己的干劲真大。其实，用友大学不只我一人经常通宵熬夜，当时的营销学院院长夏凯家在石家庄，平时住公司的公寓，他熬的夜比我还多。那时候的用友大学会集了一批发自内心热爱培训的人。当然，所有的付出都有回报，点滴收获都是折腾的结果，奉献多的人成就也大。当年在用友大学激情奉献的同人们，今天都成了行业大咖。

(3) 连拍三天视频

在修改了几遍故事之后，我们准备请专业的摄影公司拍摄。演员全是用友大学的专职老师，如果不是这次机会，也许这些老师一辈子都不会发现，自己原来还有卓越的表演才能。我甚至发现，优秀的老师客串演员是比较容易的，看来平时的演讲对表演也是有很大促进作用的。

我们的拍摄进行了三天，每天都工作十二个小时以上，终于在一个冬日的晚上杀青了。次日，我们搞了一个小小的庆典，郭总也受邀参加。聚会时，大家还沉浸在自己的表演中，经典的对白脱口而出。虽然还没有看到最后的成果，但看得出来，大家对自己的演技都很自信。视频出来之后，我们以故事的推进为主要逻辑，将制度的诠释、关键的技能等都镶嵌其中，每段视频都可以联系到绩效管理制度，引发学生的讨论。

于是，我们的课程就成了这样的结构：抛出问题、观看视频、引发讨论、诠释制度，遇到核心技能需要学生掌握的，就马上当堂练习。课程完全像讲故事，在故事中融入了知识和技能，学生看完视频进行讨论，能更深入地理解新的制度，练习关键的技能。

(4) 全国大规模轮训

这是用友大学的第一个成果，是下功夫完成的第一门精品课程，时至今日，我仍可以感受到拍摄这门课程时的激情和用心。我们的课程在2009年春节前通过了内部评审。春节刚过，就开始讲师培训，训练了近二十名内部讲师。每个周末，内部讲师们就飞往全国各地送课上门。规模最大的时候，同一时间全国有十几个城市同时进行培训，我们称为规模轮训。

由于我们对课程的开发下了功夫，课程的逻辑清晰、过程生动，所以大大降低了对讲师的要求和依赖,讲师更多的是担任引导员的角色,按部就班地"抛出问题、观看视频、引发讨论、诠释制度",如此循环进行,学生们讨论和演练得不亦乐乎。

(5)持续优化和改进

每到周三,我们就把上周去各地讲课的讲师们召集在一起,由讲师们反馈讲课时遇到的状况,以及学生反馈的意见和建议,我们据此对课程进行了必要的优化和补充,然后再把新课程下发给各位讲师。就这样,我们用了五个周末的时间,完成了对全国1109名经理的规模轮训。2009年3月27日,由我来主讲课程,对公司四十多名高管进行了同样的培训。

绩效管理轮训取得了极大成功,好评如潮,用友的经理人开始感受到了用友大学的"不太一样"。"绩效管理"课程的视频形式是我们无意中探索出来的路子,却取得了意想不到的成功。"绩效管理"课程的开发过程是用友大学的一笔财富,由此可知,任何有益的探索都将化作精神财富。

② 沙盘模拟——第二门精品课"策略销售"

受"绩效管理"课程的鼓舞,我们发现,学生们已厌倦以往的说教式培训,新颖的形式和紧贴业务的内容使得我们的课程广受欢迎。因此,在2009年的计划中明确了每个学院主持开发一门精品课程。在一次内部经验总结会上,我们提出了"坚持精品路线不动摇"的口号。这一指导方针对后来用友大学的发展以及品牌形象的树立起到了至关重要的作用,用友大学逐渐形成了"要么不做,要做就做精品"的习惯。我曾经举例说,假如我一年给某个员工安排两场培训,一场效果非常好,另一场效果很一般,那么他对培训的总评很可能是感觉一般；如果我只给他安排一场培训，却让他深受启发或学到一些可操作的技能，让他印象深刻，那么他将对用友大学的课程很期待。用友大学从一开始就在坚持课程的精品路线，就是梦想成为世界一流的企业大学。

> 用友大学从一开始就在坚持课程的精品路线，就是梦想成为世界一流的企业大学。

我们在2009年开发了四门精品课程，每门精品课程都掀起了一波全国轮训的浪潮，都成功地引发了不同序列学生对用友大学的好评与期待，用友大学成立不到一年的时间，便树立了很好的内部品牌形象。

（1）配套业务转型开发精品课

2009年5月，我们推出的第二门精品课程是营销学院的课程，叫"策略销售"。经过调研，我们发现公司由产品经营转变成客户经营，对销售人员提出了新的要求，前些年一单50万元都是大项目，现在一单500万元甚至上千万元的项目比比皆是。ERP（Enterprise Resource Planning，企业资源计划）销售是典型的解决方案销售，我将其比作M:M:M的工作（M:M是指多对多，M:M:M是指多对多对多，也就是团队作战），即我们的营销团队和竞争对手的营销团队在努力争取客户方选型团队的支持和信任的过程。这种复杂的大项目销售，竞争形势瞬息万变，如何掌握项目竞争格局，运筹帷幄，战胜对手，获取客户方的支持和信任——这是每一名销售人员需要掌握的技能，也是当前销售团队战略转型最稀缺的技能。于是我们决定开发"策略销售"，引进的理论模型是美国米勒公司的"新策略销售"课程，来自香港的张老师在用友产业园先给我们几位主创人员讲了两天课，我们听完如醍醐灌顶。之后，我们根据用友销售业务的特点和各地的最佳实践，开始融入用友大学的销售方法论、销售典型案例，梳理自己的逻辑，抽取自己的评判模型，经过四五个月的努力，几易其稿，"策略销售"课程终于出炉。

（2）沙盘模拟定内容

这门课采用了沙盘模拟的形式，将学生分为六个相互竞争的销售团队，模拟一个大项目竞争的四个阶段，每个销售团队通过沙盘模拟的形式制定销售策略，描述他们对项目干系人的沟通策略、对项目整体情况的判断，分析本组的优势和劣势，确定下一步采取的行动。每一组的策略都会被记录下来，之后通过我们专用的分析软件，来分析评价各组策略和行为的有效性。软件背后是我们模拟的一个行为有效性评价模型，这个模型的主要逻辑是逄增钢老师构建的，他的逻辑抽象性和体系化能力给我留下很深的印象，后来他成了营销学院的院长。

每个阶段结束时，我们会把六组的策略全部用投影展示出来，每组学生都可以看到竞争对手的策略（这在现实中是不可能出现的情况。对照竞争对手的策略，学生容易明白很多道理），讲师再根据学生演绎出来的项目格局，结合相关理论进行分析和点评。因为课程的情境非常接近真实的竞争，所以两天的课程下来，学生们非常投入，很多组都工作到很晚。学生们在展示他们的策略时，或多或少都有运作真实项目的影子，很多人借此明白了自己以前项目的得失，也清楚了当下的项目下一步该怎么做。课程结束的时候，软件系统根据六个小组四个阶段的表现给出每组的得分，以此来确定最后的赢家。

回想起来，这门课程的开发过程用呕心沥血来形容丝毫不过分。曾经多少次头脑风暴，曾经多少场喋喋争论，曾经多少人指点批判，曾经多少个通宵苦熬，曾经多少稿推翻重做……这些经历都已经变成我们美好的回忆。好在天道酬勤，历时四个多月，我们的课程终于出炉，并在短短五周内轮训了九百多名销售人员。学生们如潮般的好评是对我们创作组最大的激励，创作组每周都根据现场授课的情况进行课件的更新，反复修改，终于定稿。这门课程的开发借鉴了国际国内最先进的营销理念，融会了用友网络四十多名一线销售精英在销售过程中的最佳实践，蕴含了多名资深讲师精粹提炼的经典案例，梳理出大项目销售成功的关键逻辑。

一张沙盘、一套PPT、一个完善的策略对比分析工具，三位一体。课程以案例贯穿始终，用场景模拟对抗，抛问题引导讨论，据演绎随时点评。学生深度参与，乐在其中；讲师犹如导游，跟着享受。这样的课程听起来解渴，讲起来过瘾。

> 学生深度参与，乐在其中；讲师犹如导游，跟着享受。这样的课程听起来解渴，讲起来过瘾。

是金子总会发光的，精品的课程不会寂寞也不该寂寞。课程中的精髓熠熠生辉，驱使我们产生了结集成书的想法。于是，由时任用友大学营销学院院长夏凯执笔，用风趣幽默的文笔，把这门课程的精华写成了一本书，书名叫《赢单九问》。虽然这本书的作者署名是夏凯和我，但其实这本书是集体智慧的结晶，背后有数十位用友资深销售精英的努力和贡献。再后来，夏凯辞职创业，自主研发了"销售罗盘"课程，同样做得风生水起。在用友大学期间的努力工作为他后来的创业打下了坚实的基础，也验证了我常说的一句话：员工用奉献组织的方式获得能力，在工作中的所有用心和努力都在暗地里滋养着他们的自信，提升着他们的能力。物质回报仅仅是冰山的一角。冰山下的回报在奉献的当时就得到能力的提升，而且日后还会创造更大的价值。

③ 开始摸索出套路——第三门精品课"捍卫尊严"

2009年8月，用友大学的第三门课程正式推出，先不说其内容是什么，单就发给全国的培训预告就非常吸引人。有人讲："天啊，这哪里是课程呀，分明是个大片！"这门课是用友大学的顾问学院主持开发的，我们给它起了一个有意思的名字，叫"捍卫尊严"。这门课程的开发仍然是有业务背景的，那就是用友业务转型给项目经理和顾问带来了巨大挑战，千万级的项目经理和几十万级的项目经理需要的项目把控能力当然是不一样的。当时制约公司回款的瓶颈是大项目交付，为此我们决定拍摄项目交付的全过程，把项目管理关键知识、用友集团的实施方法论和项目经理的核心技能融合在一个完整的故事中，还原项目交付的真实场景，演绎项目交付过程中的"幸福曲线"，全面展示顾问的成长之路，开发一门既能触动顾问心灵，又对其工作有切实帮助的实战课程。实践证明，我们的课程目标与课程逻辑相得益彰。

（1）搜集案例

我一向认为精品课程不要试图告诉学生什么、教给学生什么，而要把业务精英会集起来，共同探讨工作场景，总结最佳业务实践，开发真实生动的课程。用友大学作为课程的组织者，就是要组织业务精英开发贴合业务的实际课程，并由这些业务精英做内训师，将自己掌握的"道"传授给业务人员。

很快，顾问学院选出了全国最资深的四十多位实施顾问，专门为他们制订了能力提升计划——"核计划"，顾问学院为他们引进了国际供应链协会的一门版权课程。他们白天上课，晚上编写案例。

我在动员会上要求他们写出自己在项目实施的过程中经历的那些曲折感人的场面，比如跟客户产生激烈冲突的场面，在实施现场最为尴尬的场面，让客户非常感动的场面，客户让他们非常感动的场面，曾经让他们很纠结的场面……总之，一定是让人难以忘怀的关键时刻。不到一个月的时间，我们就搜集到了四十多万字的案例。

（2）编写剧本

顾问学院的杨平老师从四十多万字的案例中抽取精华片段，加工成了一个三万六千字的剧本，这个剧本我们先后评审修改了二十六版，在抽取糅合和逻辑化上下了很大的功夫。

这门课中穿插了四条不同的线索：有项目推进的过程路径线索，有客户方推动自身变革所产生的阻力演变线索，有项目经理的职业生涯成长路径线索，还有反映项目相关人心理感受的"幸福曲线"线索……通过这四条主线，一个项目实施的全景得到了完美呈现和精彩演绎。其实分开来看，这门课无非就是内部交接、团队组建、需求调研、关键用户培训、项目总结等常规内容。但通过梳理这几条逻辑主线，课程内容得到了完整的呈现，给学生带来了非常震撼的效果。

可以说剧本中汇聚了最资深的用友顾问的真实经历和智慧，有血有肉，非常真实。剧本甚至延伸到了顾问的家庭生活中，主人公刘定坚的妻子生孩子时，刘定坚因事不能到医院陪床，这样生活化的场景如果不深入到顾问的生活中，课程开发人员是绝对不会知道的。

（3）拍摄视频

在用友产业园最炎热的季节，我们连续拍摄了四天，每天都拍到半夜，拍摄现场的强光招来很多蚊子。项目组二十余人经受了体力和毅力的双重考验，一遍又一遍地拍摄，精益求精。视频是业务人员的本色演出，因为我们并不想教给学生什么，只是想还原大家每天见客户的场景，让学生讨论如何才能做得更好。

尽管实拍教学片耗时耗力，但是我们知道实拍的教学片可以引导学生为场景找解决方案，探究现象背后的本源，搞清什么是目的、什么是手段。透过实践看人性，与客户冲突的背后是立场和态度，态度的背后是价值观，价值观的背后还有假设，课堂上酣畅淋漓的拆解，会让学生有剥洋葱的感觉。

视频化的设计，为原本很枯燥的项目管理类课程注入了生动活泼的要素，能引发学生的参与和共鸣。配合这种情景短剧的形式，课堂过程也很容易结构化和程序化。课堂的结构是：先抛问题，再放视频，之后引发学生讨论，分组呈现，讲师点评，学生演练，等等，如此循环。过硬的课程设计会大大降低课程对讲师的依赖。由此我感悟到：要用专业的课程设计来弥补讲师驾驭课程能力不足的情况。我们要用自己的专业能力，把简单的内容呈现给别人，把复杂的内容留给自己。

"捍卫尊严"拍摄时长七十多分钟，我们将其分成三十多段。视频出来之后，我们再把那四十多位剧本的贡献者召集到北京，一段段地给他们播放，让他们归纳总结剧本中反映的问题，用头脑风暴的方式征集大家遇到类似场景时的处理经验，把大家的处理经验汇集成PPT。根据资深顾问们的提议，我们把项目实施过程中的关键点抽取成三个技能单元：教练技术、化解冲突及推动变革。课程开发完成后，我们在学生中征集内部讲师，做了为期三天的讲师培训，之后又一轮面向顾问的轮训就可以开始了。

（4）全面培训

最后，由公司资深顾问担纲讲师的培训课程正式拉开序幕。由公司的业务精英来讲述真实的故事，探讨大项目交付的要诀和必备技能，这本身就是一个创新。一时间，大江南北的用友分公司都在进行同样主题的培训，高峰的时候同一个周末有十几场培训同时进行，仅仅用五个周末就完成了对全国2030名顾问的培训。

> 由公司的业务精英来讲述真实的故事，探讨大项目交付的要诀和必备技能，这本身就是一个创新。

这次培训反响很强烈。有很多顾问在观看视频时都激动得哭了："这简直就是我的自传，我妻子生孩子的时候，我也没能陪伴在她的身旁，直到今天，我都很内疚。"还有很多人惊奇地发现，自己正在经历着跟课程场景一样的情境："太好了，我现在的项目正在经历同一个阶段，正不知道该怎么办，通过上课直接就能找到答案了。"课程中公司最资深的顾问给出的建议和意见，往往会给人豁然开朗的感觉。

（5）持续优化

我们派出的老师每周授课回来后都要重新备课，大家把自己在授课中遇到的挑战、应对的方法、从学生处得到的启发等都集中反馈回来，把课程再梳理一遍，把优秀的内容吸纳到课程中，让我们的课程得到进一步完善。这样，经过五周的持续改进，我们真正打造出了一门精品课程。

那段时间，我的邮箱天天都能收到来自全国各地的感谢信。有人说："我到今天才知道，过去的七八年我一直在公司里'撞墙'，但是从没有人告诉过我。用友大学把我'撞墙'的场景拍摄下来，让我一下子顿悟了。"还有人说："'捍卫尊严'所展现的实战模拟，使大家设身处地地感受到了作为一个优秀的项目经理，应该如何与客户交流、沟通，对项目的突发事件有了更加深刻的认识和处理能力……"我们的努力得到了广泛的好评，全国各地学生发自内心的感谢给了我们很大的激励，这种激励也给了我们动力，用友大学的成就感正是通过这些学生的真心反馈来体现的。

我反复在用友大学的团队里讲，作为职能部门，工作的成绩需要透过业务的成功、学生的成长来间接体现，要得到业务部门和一线员工发自内心的肯定，必须对他们有实实在在的帮助，为此我们要付出双倍的努力。

④ 精品课程次第出炉

按照2009年的既定计划，第四季度我们推出了一门面向研发人员的精品课程，名叫"快速响应"。课程讲述的是需求人员、程序员、测试工程师之间的故事，演绎了在以客户为中心的公司战略转型情况下，研发团队应该做出的改变。

坚持精品路线带来的一个直接好处是，用友大学养成了精益求精的习惯，每一门课程都要反复斟酌。在"坚持精品路线不动摇"的路线指导下，每个学院每年都按计划开发1~2门精品课程。

此后，用友大学的领导力学院开发了提升新任经理领导力水平的"卓越经理人的修炼"，心理资本类的"为卓越投资"，催化师培养课程MIE（Make It Easy），业务创新类课程"在创新中前行"，沙盘课程"商业模式工作坊"等；营销学院开发了"信任销售""以客户为中心的销售""大客户销售""谈判技巧"等课程；顾问学院开发了"项目管理九连环""项目管理沙盘""项目管理关键时刻"等课程；研发与技术学院开发了"闻过则喜""快速响应""有效需求访谈""敏捷开发"等课程；综合管理部开发了"时间管理""有效沟通""幸福在哪里"等课程。

我们对这些精品课程有专门的界定，即必须自主研发，内容形式有独创性，且有专属逻辑。至今已经陆续开发出几十门精品课程。

二、什么才是精品课

"精品"是一个很笼统的概念，见仁见智。用友大学在2009年年底对精品课程做了一个严格的定义：精品课程是指教学目标明确、有自主专属逻辑，有教学形式创新，并能运用多种教学手段的示范课程。

① 精品课必备的五要素

开发出多门精品课程之后，我们逐渐总结出精品课程的五要素——目标、内容、形式、结构和过程。课程的目标必须是与完成任务紧密结合的表现性目标；课程的内容要紧贴业务需要，还要做专业分类，不同内容要用不同的方式传授；课程的形式要创新，采用多样的形式来发动学生充分参与，调用群体智慧，学生深度参与了课堂过程，才能把课堂知识内化成自己的能力；课程的结构是课程组织方式，要简单、有力，方便大家理解；课程的过程就像音乐的旋律，要对整个课程的节奏进行设计，既要照顾到成人生理和心理的特征，也要考虑到内容的起承转合与跌宕起伏。

我们要判定课程好坏，就用这五个维度形成一个雷达图，测试一下就能知道了。

（1）目标

我们做培训，当然要先设定目标。现在多数培训目标还是这样描述的：了解什么、掌握什么、精通什么。我认为，目标一旦这样描述，培训的效果就很难衡量。所以，培训的目标应该是表现性目标——培训后学生应该有什么样的表现。

表现性目标聚焦在学生的具体行为表现上，改变什么态度，完成什么任务，解决什么问题。换句话说，课程目标应该表述为

> 表现性目标聚焦在学生的具体行为表现上，改变什么态度，完成什么任务，解决什么问题。

让学生有潜在的行为表现。我们可以通过一个例子，说明表现性目标与通常意义上的培训目标有何不同。

以一门"客户拜访"的培训课程为例，通常意义上的课程目标会被设置成：了解或掌握客户拜访的流程和方法。表现性目标应该表述为：用客户拜访的流程和方法当堂做角色演练。所以，目标的精准确定和表现性表达，会让培训从出发点上发生根本的改变。而课程目标的不同，也会给学生带来完全不一样的体验。

其一，目标能牵引课程的内容与形式。传统的培训目标因为强调知识的掌握，课堂内容必然是老师的"满堂灌"；课程目标设置为表现性目标，老师就由讲授者变为导师，老师的主要职责不再是讲，而是引导学生进行互动和演练。以前一堂课下来，80%的时间是老师在讲，现在一堂课如果老师讲课的时间超过50%，我们就会认为这堂课是失败的。

其二，表现性目标让当场检验培训效果成为可能。一直以来，培训效果的检验都是世界级的难题。以前的培训目标强调的是知识的掌握，老师讲了，学生课后自己练，培训效果如何无从得知。虽然也有培训满意度调查、考试等形式，但那无异于"死后验尸"。把目标设置成"当堂做角色演练"，让目标当场就能被检验，如果学生表现得不尽如人意，老师也可以当堂给予反馈和纠正。正是由于表现性目标，我们才得以把评估放在课程设计和课堂讲授中，使培训效果在课中得到检验。

（2）内容

培训内容要紧贴业务特点，跟业务直接相关，这是一条根本原则，在课程开发中要贯之始终。除此之外，对培训内容，我们应区分知识、技能和态度，对不同类别的培训内容，要采取不同的培训方式。

如果是知识性内容，可以通过讲授的方式，同时强调对知识进行归纳归类、替学生精加工、在课堂上不断重复。考试是检验学生是否掌握知识的有效方法，但如果培训的内容涉及技能和态度，说教就显得格外乏力了。

> 凡是有关改变态度的培训内容，一定要用场景、问题、案例或游戏来挑战学生固有的信念系统。

学生自己有深刻的反思和浓厚的情感才能激发其改变态度。用友大学有一条基本法则：凡是有关改变态度的培训内容，一定要用场景、问题、案例或游戏来挑战学生固有的信念系统，用学生的真实情感经历为课程教授的价值理念背书。一般来说，设计的场景或游戏的结果会与学生固有的信念形成强烈反差，然后讲师通过反差对比，激发学生的讨论、质疑和反思。只有这样，才能得到想要的课程效果。

那么，什么样的培训形式最能引起学生反思呢？答案是讨论，而不是说教，态度类的内容一旦陷入说教就会变得索然无味。例如，团队合作的重要性不言而喻，用友大学也有一门有关团队合作的课程。对于这种需要改变态度的培训，我们在课堂上设计了简单的游戏：让大家用积木盖楼，每个人掌握楼房规格的一部分，游戏过程中不允许学生直接用语言交流，但必须想办法完成团队任务。游戏完成后，看每组搭建的效果（当然是五花八门的），然后引导学生讨论，让他们自己说出团队合作的重要性和关键点。

技能类的内容则一定要让学生当堂练习，甚至是反复强化，不要怕花费时间。把技能练熟练透，让学生下课后有强烈的练习透冲动，才能达到良好的培训效果。基于此，精品课程中的演练部分尤其重要，通常一个技能在课堂上要练习三到四遍，甚至把课程分为几个阶段，每个阶段对同一技能设计不同的练习。一般而言，用友大学的课程，演练部分至少要大于40%，很多甚至超过一半。

（3）形式

在课程开发过程中，我们对形式创新的追求几近夸张。如果非得让我对形式和内容的重要性分个高下，我认为形式和内容的比例是51∶49。对教育工作者来讲，形式与内容几乎同等重要，"怎么教"决定着"教什么"的效果。道理就那么多，演绎道理的形式却可以层出不穷，好形式能使内容产生振聋发聩的效果，让人弥久难忘，为我们这些教育工作者留下了无限的创新空间。西方教育学家说，教育的本质就是让学生从概念中获得直接的体验。那么教育工作者的任务就是要为概念设计体验，也就是设计教学形式。

> 对教育工作者来讲，形式与内容几乎同等重要，"怎么教"决定着"教什么"的效果。

有一次，我需要在课堂上让学生明白一个道理：限制性信念会限制一个人的发展。也就是说，人的固有信念系统里有很多限制性的信念，限制了人的创新与发展。这类试图改变学生态度的课程，干巴巴的说教就显得非常苍白，我应该怎么做呢？

在课堂上，我要先引导学生做游戏。我提一袋土豆，再拿一捆吸管，为了证明吸管的柔软，还专门把吸管拿在手上折两下给学生看。这时候，我问所有学生，谁能用这根吸管扎穿一个土豆？第一次动员后通常只有一两个人愿意尝试。资历越老、年龄越大、职位越高的人，就越不愿意尝试。再动员几遍后，就会有更多的人愿意尝试。最后，我干脆给每个人都发一个土豆和一根吸管。十分钟之内，有不少人扎穿了土豆，那些没有扎穿的人也坚信，如果多给点时间，他们也一定能够扎穿。做完这个游戏后，我问大家，为什么他们一开始不愿意尝试？为什么几乎所有人一开始都不相信吸管能扎穿土豆？请大家分析这个游戏说明了什么问题。学生通常会说，他们一开始根本不相信吸管能扎穿土豆，最后发现，是自己的限制性信念限制了自己——这就是教学效果。

上完这门课以后，甚至有人在食堂打饭的时候，跟我打招呼说："田校长，我看到食堂的土豆，一下就想起你给我们讲的课了。"很多学生后来反馈："现在工作中我碰到不敢尝试的事情时，就会想到用吸管扎土豆。一想到这里，我就充满了信心。"你看，这就是土豆的力量，形式创新增加了课程的魅力。这门课程如果没有形式上的创新，那么讲师讲得口干舌燥，大家也肯定早就腻味了。

（4）结构

好内容如同好的珠子，结构则是把珠子穿成项链的细绳。好课程必须有好结构。所有管理类的文章和课程，哪怕是大师的作品，要是把它解构了，随便抽出其中两三百字来看，就不会有什么特别，但是这些内容一旦通过某种结构有机组合起来，就会给学生带来逻辑严谨、条理清晰的美感。结构就像一门课程的基因一样，是精品课程的重要标志。

IBM 的"BLM"（Business Leadership Model，业务领先模型）课程就是用逻辑的力量把从战略到执行的八个环节整合在一起，如果没有强有力的结构贯穿，恐怕每个环节都是极其普通的常识。MOT 是课中之王，我称其结构为莲藕结构，五个不同的情节好比莲藕的五节，每一节横切一刀，横断面都有四个眼：探索、提议、行动、确认。

构建一个好结构非常不易。用友大学每开发一门课程，开发者都要找几十本相关的著作做主题阅读，吸取不同作者的精华，甚至会造成不同的观点在脑海里打架。内容的包容与割舍、章节的衔接与整合，通常需要很长时间、多种形式的组织尝试，才能很好地贯穿起来。所以，我经常开玩笑说："要想开发一门好课程，就要先把自己逼疯，然后再自我治疗好，结构就出来了。"

就像好的电视剧同时会有好几条线索一样，好的课程有时也会有好几条线索贯穿其中。比如用友大学"策略销售"课程的内在逻辑，既有销售员在项目不同阶段面临的关键问题，以及任务组织的任务逻辑识局、拆局、布局；又有销售员跟客户建立信任关系的人际沟通结构，事有事理，人有人情。

（5）过程

培训过程如同给小孩喂饭，你喂一口，他咽一口，传授和消化同时进行，培训的效果在学生思考的过程中产生。讲师在培训过程中要始终抓住学生的注意力，没有过程设计的学习是失败的学习。过程设计既要考虑不同内容的时间分布，又要结合人的生理和心理规律，还要让课堂有层次感和节奏感，美感源自层次，乐感源自节奏。通常，我们采用五星教学法，有五个典型的教学过程：聚焦问题、激活旧知、论证新知、应用新知、融会贯通（详见第四章）。

学生不会主动参与跟自己工作、生活无关内容的学习。所以，我们需要将学生置身于情境中，使其面对问题。这些问题与学生的工作或生活情境息息相关。好的培训师相信学生有足够的知识和智慧解决问题，好的问题能够引起强烈的争论，这就是聚焦问题。学生不会参与到跟自己的旧知没有任何关联的领域中去，也非常排斥跟旧知相矛盾的内容，因此，一门好的课程需要激活旧知。在逻辑上没有经过论证的知识，学生不会相信，所以要论证新知。经验证无效的知识，学生会摒弃，所以论证新知之后是应用新知。你很清楚地在运用某个知识,恰恰说明你是一个新手。学生将新知变为旧知,成为信念系统的一部分,在工作中能下意识地运用,进入潜意识状态,此为融会贯通。

宏观层面的过程设计要充分考虑到人的生理特征,一天中人的精力基本呈 U 形分布,所以授课的刺激程度就要遵行"倒 U 原则"。一般来说,早上的第一个小时不用强刺激,因为学生的精力比较充沛,中午和下午学生容易犯困,可多用互动演练,增加刺激强度。

从中观层面讲,一个教学单元,也要走聚焦问题、激活旧知、论证新知、验证新知、融会贯通这个过程。这也是符合人类认知的过程。

从微观层面讲,每过十五分钟,要让大家笑一次或动一下,以此重新抓住大家的注意力,我戏称这个过程为调频。即使是一个知识点的教学,也要针对左右脑的不同功能进行设计。人的右脑主管形象,左脑主管逻辑。在上课的过程中,讲师必须交替刺激学生的左右脑,让它们张弛有度,以产生最好的培训效果。为什么会有那么多千古名句流传下来?正是因为诗人在短短几句诗中,交替刺激着读者的左右脑。"白日依山尽,黄河入海流。"听到这句话,你的脑子里一定会产生图像,这是刺激了你的右脑。"欲穷千里目,更上一层楼。"这种结论性的语言,刺激的更多是左脑。

在用友大学,衡量一门课程好与不好的标准很简单:讲师有多长时间跟学生对话,有多长时间向学生广播;学生有多长时间主动参与,有多长时间被动接受。因此,课堂的过程设计就变得尤为重要。对于培训来讲,某种程度上过程就等于是全部。一门好的课程,形式同时也是内容,过程同时也是结果。

> 一门好的课程,形式同时也是内容,过程同时也是结果。

② 内容如何紧贴业务

参观过用友大学的很多同行问我:"你的精品课程开发计划是如何确定的? 为什么决定开发这几门课程, 而不是别的课程?"事实上, 我们每年开发什么精品课程不取决于自己, 而取决于业务。2010年年初我们提出用友大学的业务方针是: 面向差距、紧贴业务、专业学习。面向差距就是面向战略转型的能力差距, 能力提升是公司业务转型、战略执行、变革落地的推进器, 与战略衔接。培训对业务人员的业绩有直接的帮助和促进, 才能充分体现培训的价值。紧贴业务就是课程开发要紧紧把握业务的需要, 培训需求源自业务部门的业务需求, 培训内容源自业务中最真实的场景, 知识技能汇聚业务开展过程中的最佳实践。课程贴近业务实际, 学生才愿意深度参与。

我们对精品课程的取材提出四点要求。

(1) 先进理念

精品课程一般都需要理论体系的支撑, 通常要借鉴行业经典的理论体系及前沿理念。我们经常不惜重金引进国外高端版权课程, 学习其中的核心理念和相关前沿理论, 好理念和好思想有助于拔高课程的高度, 丰富课程的内容。这就意味着开发精品课程前要做大量的主题阅读。

(2) 最佳实践

企业大学毕竟不是科研机构, 我们崇尚理论和实践结合的课程, 理论框架可以四处借鉴, 但最佳实践必须出自内部才有代入感和启发性。实践出真知, 最宝贵的经验和知识隐藏在优秀的业务骨干身上, 深入到他们当中, 把他们积累多年的经验和技能挖掘出来, 充实到课程之中，有助于形成企业自己的体系。课程开发需要把前沿理论和最佳实践有机地结合起来。

（3）要素提炼

结构化的知识方便传播和教学。抓典型业务场景、讨论典型业务矛盾的目的，是从真实的业务实践中抽取其核心特征以及底层结构，再用底层结构解释最佳实践，继而尝试解决实际问题。企业大学要具备从经验中总结、升华知识的能力，要敢于把业务的最佳实践总结与提炼为内部知识，继而把结构化的知识深化为可传授的课程。

（4）文化渗透

> 企业文化最佳的传播途径有两个：一个是经理人的行为、处事方式，另一个是企业自己的课堂。

每一堂课都要渗透公司的文化，包括核心价值观和行为标准。我一向认为，企业文化最佳的传播途径有两个：一个是经理人的行为、处事方式，另一个是企业自己的课堂。文化教育要渗透到每一堂课、每一次集体活动中。

正是因为对精品课程的不懈追求，激发了我深入学习教育学和心理学的兴趣。主持用友大学工作以来，我每年的阅读量都超过一百本书，我们的专职讲师也都有很大的阅读量。我们边学习，边实践，学以致用，用以促学。几年下来，整个团队一起努力，把我们自己打造成为培训专家。我们不仅是业务出身，而且还深挖教育，越干越有劲。我们坚持做上接战略、下接绩效的培训，持续紧贴业务，得到了业务部门的持续好评与肯定，确实很有成就感。做精品课程是我们一贯的追求，而借助精品课程开发，又可以促进我们快速成长。开发课程是锻造方法论和体系的必要手段，可见课程开发在企业大学中有着重要地位。

③ 讲师要会煮"石头汤"

精品课程的开发让我们开始重新思考讲师的定位,在传统观念里,讲师总是比学生掌握更多的知识,道行更深,而在情景剧方式的课堂上,讲师只是引导员的角色,只要把学生引导到剧情里,学生自然会展开激烈讨论,学生最大的收获也来源于此。这让我想起了"石头汤"的故事:

有一个衣衫褴褛的穷人来到一个小村庄。他已经几天没有吃饭了,但是没有人搭理他,也没有人愿意分给他一些食物。他从口袋里掏出一块石头,在路边冲着街上的村民吆喝了起来:"我这里有一块神奇的汤石,用它能煮出这个世界上最鲜美的汤!""石头还能煮汤?"他的吆喝立刻引来了大家的好奇围观,有村民看着他手里那块不起眼的石头提出了质疑。穷人笑笑,不紧不慢地说:"是啊,如果不信,我这就煮给你们看!哎呀,可惜我没有锅。""我家有,我去拿!"有村民立刻兴冲冲地叫了起来,大家都想知道石头到底是如何煮出鲜汤的。"嗯,还要一些煮汤用的泉水。"穷人又说。"我去提!"——有个正提着水桶的村民带着看热闹的神情喊着。

很快,有人拿来了柴火,有人拿来了大铁锅,有人帮忙架起了炉灶,有人提来了泉水,村民越围越多,大家都闻讯赶来看这个穷小子是如何用石头煮出这个世界上最鲜美的汤的。

过了一会儿,锅里的水开了,穷人作势品尝了一口,说:"嗯,真不错,如果还能再加些洋葱,就更好了!"立刻有人从家里取来了洋葱放进汤里。又煮了一会儿，穷人搅动着锅里的汤又尝了一口，说："嗯，太棒了！如果还能再加些肉片，就更香了！"于是，又有一个妇人从家里取来了鲜肉放进锅里。

大家都充满好奇和期待地望着这锅汤，在穷人的建议下，有的人去家里拿了盐，有的人拿了蔬菜，有的人拿了葱花……还有村民主动提出建议："是不是再加些蘑菇会更好？""要不放些我刚刚从河里钓上来的小鱼吧？"……

就这样，大家七手八脚地凑来了各种各样的调料和食材，不停地往锅里扔，煮着煮着，大家都幸福而满足地闻到了锅里飘出的扑鼻香气。穷人看着锅里从仅有一块石头变成盛着满满一锅食材的鲜汤，笑着对大家说："汤煮好啦，大家一起来尝尝吧！"

"啊，太好了！"大家都欢呼着。有村民立刻从家里捧出了一摞摞的碗勺，大家一人一碗品尝着，发现这汤果然格外地鲜美，这果真是世界上最鲜美的汤！

我们的课堂喜欢营造这种积极开放的氛围，抛出真实的业务问题，引发学生激烈的思想碰撞。用情景剧的方式做精品课，最大的优点是借助视频还原真实的业务场景，把学生置身于日常工作的具体矛盾中，促进学生在课堂上反思、争辩。贴近现实的场景使课堂更生动，讨论的形式让课堂氛围轻松热烈，冲突的再现又能驱使学生深刻反思，而这个过程中讲师只起到引导的作用，扮演的就是那个煮石头汤的穷人的角色。

三、精品课需要持续打磨

俗话说，樱桃好吃树难栽。打造精品课程是一个艰难的过程。开发多门课程之后，我们逐渐找到了一点感觉。我们先假设课程的对象和需求已经基本明确，前期设计已经有了雏形，"为哪个群体开发、要解决什么问题、要培养什么能力"这三个问题已经有了初步答案。用友大学常用的课程开发步骤如下：

第一步，先确定对象和目标，目标要转换成表现性的。

第二步，根据目标搜集要培训的内容，内容要分清 ASK（态度、技能、知识），内容不同，教学方法不同。

第三步，对内容进行归类和梳理，初步建构框架逻辑与大纲。

第四步，对每一块内容的表现形式进行设计，每单元最好达到五星教学水准。

第五步，根据框架逻辑把内容串接起来。

第六步，通过试讲再次调整顺序，以符合"学习心电图"。

第七步，通过试讲不断改进。

这个过程中穿插至少三次课程评审，比如目标和大纲的评审、每个单元的评审，以及最后的终审。

食不厌精，脍不厌细，评审次数越多，评审越细，效果越好。所以我经常说课程开发是良心活，

> 课程开发是良心活，多下一分功夫就会多一分精致，效果就会更好。

多下一分功夫就会多一分精致，效果就会更好。为了使课堂更加有效果，开发者花再大的功夫都是值得的。一旦课程变为成品，精彩和败笔都会被复制，都会发挥它们的影响。

① 确定对象：明确课讲给谁

课程开发的第一件事是再次明确课程设计时确立的对象和目标，否则很可能会陷入逻辑混乱，理不清头绪，也不知道原因。这个道理非常浅显，但是实践中因此造成的错误俯拾皆是。

（1）对象不清楚，非把人搞糊涂

太多的课程会出现这样的问题，在一套 PPT 中，你会发现第一页貌似是给总经理讲的，第二页又好像是给销售员讲的，第三页又是给部门经理讲的……开发者只不过是把一堆本质上风马牛不相及又貌似有某种联系的 PPT 集合在一个文件中而已，连受众对象都是错乱的，更别谈结构了。我在课程评审中经常会问：这页 PPT 谁会感兴趣？答案可能是老板，因为该页内容讲的是宏观形势，可是它分明出现在给操作层面员工、基层员工培训的 PPT 中，而且篇幅很大。

所以，你要仔细去区分课程的目标与内容、内容与受众的关系，否则非把学生讲糊涂不可。

我曾发微博说：课程开发的时候，讲师最好在桌案旁边放一个小玩偶，假设它就是课程的受众，还可以给它起个名字。讲师一边做 PPT，一边跟玩偶对话，这样做出来的 PPT 会有灵性，至少不会角色错乱。

有人花大功夫开发了一门课程让我评审，翻了几页 PPT 我就火了，我建议他把课程"肢解"成三门，以应对不同的人，否则一定会把学生搞得精神分裂。每次进行选材时，你都要问问自己：听课对象是谁？目标是什么？怎么讲合适？最好能在学生群体里找一个代表，在课程的开发过程中以他为对象。因为他已有的知识经验基础决定着你要讲的内容的范围、深度和讲授方式。目标对象越清晰，课程内容越不会胡乱蔓延。

（2）不舍得删素材，越讲越模糊

还有一个常见的问题是，我们一开始的目标和对象都很清晰，但做着做着就模糊了，被琳琅满目的素材淹没了。我有一个下属开发一门课程时准备了很多很好的素材，她觉得每一个素材都很精彩，都是她读了很多书后辛苦搜集来的，所以她都舍不得删。我问她："把这页PPT放在这里是为了传授什么道理？"她说："我也能感觉到这页PPT放在这里有点不合适，但这个论点实在是太精辟了，一定会超级吸睛。"开发者经常会因为某素材太好，觉得不放进去可惜，而忽视了课程的目标。这时候我就会质问："你的授课目的是什么？你想教会学生什么？"好的东西太多了，再好的内容也要服务于目标。

为什么要反复强调目标呢？就是因为目标太容易被淹没了，很多讲师见到好的素材就把目标忘了，让素材盲目蔓延，以至于分不清要给谁讲。再好的内容，如果和目标不一致，就会造成逻辑混乱，也容易让学生不知所云。

所以我们首先要把课程对象搞清楚，之后再确立表现性目标。表现性目标不能太多，因为我们的教学过程要跟学生一起建构，与其放很多目标讲不透，还不如把一个目标讲透。我们经常犯两个错误：第一个是对象分裂，第二个是目标飘移。

② 搜集内容：学会主题阅读

目标确定之后，第二件事是搜集内容。搜集内容时要涉猎广泛，这是一个很复杂、很庞杂、很花时间的过程。课程开发者一定要学会主题阅读。开发一门精品课通常要读多少本书？我觉得是20～40本。有人可能会说："天啊，开发一门课就需要读这么多书，可我一年才能读几本书。"下面，我们讨论一下读书的效率和质量问题。

（1）会读书

有一本书的名字叫《如何阅读一本书》，作者莫提默·J.艾德勒是《大英百科全书》的编辑指导。这本书问世几十年来，已经影响了好几代人。我大概在五年前机缘巧合看了这本书，看完收获很大，最直接的效果是看书的速度至少提高了一倍。

假如你需要一个月才能读完一本书，其间总是读读停停，读着读着就没有成就感了，那么你很可能中途就放弃。我现在大部分书都是一口气读完，用2~4小时读。一般情况下，从北京飞往西安的飞机上，我就能读完一本书，要是从北京飞往深圳，在飞机上一本书甚至是不够读的。为什么我能有这样的效率呢？一般人读书是一字不落一行一行地读，没看明白的地方眼睛还要扫回去重读，这样非常浪费时间和精力。艾德勒的方法是隔一个词读一个词，隔一行读一行，甚至偶尔隔一段读一段，遇到似曾相识的段落甚至可以整页翻过。

在读书的同时遇到关键信息就立刻标记下来，甚至折页。这样读书很有成就感，也是对自己的一种激励。如果匆匆读完之后，觉得这本书实在太好了，就可以再读第二遍。这种方法固然不如一行一行地读得仔细，难免有信息遗漏，但是也会有不少收获，投入产出比很高。更何况有时一本书的核心观点本来就不多，作者通常反复强调，你漏掉的也许正是他重复的内容。并不是一本书所有字的信息含金量都是一样的，一般读段首、段尾，页首、页尾，隔一行读一行就行。熟练使用这种读书方法之后，你就会发现关键信息会直接往你眼里跳，会主动找你。读书多了，你甚至可以发现，直觉或第六感在读书中也发挥了重要作用。

（2）多读书

为开发某门课程，我们通常要做主题阅读，就是读一些跟课程相关的书，主题阅读的速度要更快些。因为要带着问题去读书，比如开发"教学设计原理"课，要探讨态度类的问题怎么教，我便买了四十本与教学设计相关的书，甚至延伸到认知心理学和精神分析学派的书，之后快速在这些书中寻找相关论述。一本书对要开发的课程能有两三点贡献就很不错了。如果真的发现跟某本书有缘分，那你也可以经常读它。反复读书还有一个方法，就是重点读自己画过线的地方和折角的内容。看完一本书后，把书合上，在脑子里过一遍"电影"，把对你有启发的内容写下来。或者再次看你画线的和折过角的内容，顺势把这本书的核心观点写到一页白纸上备用，需要时把页码也记下。这就是主题阅读。

书读多了，问题又来了，比如我要开发一门名叫"幸福在哪里"的课程，读了三十多本有关幸福的书，读前几本的时候很兴奋，后来就开始纠结了，读到最后几乎感觉要"吐"了，因为各种观点横七竖八地在我的大脑里，有的甚至相互矛盾，我的大脑成了很多思想的跑马场，快把我逼疯了。

只读一个人的书很容易偏信，亨利克·约翰·易卜生说："如果只读一个人的一本书，你就轻易信了他，那么你的大脑就成了他的思想的跑马场。"鲁迅对这个观点反驳说："如果你信了易卜生这句话，你的大脑就成为他思想的跑马场了。"所以，书读得越多，你越不会偏信，否则，很容易对某个作者产生盲目崇拜。

课程开发的下一个环节就是从中梳理出结构。我对课程开发有个描述：课程开发就是要先把自己逼疯，然后再治好的过程。因为不同人的观点都在你的大脑中放着，占着你的脑容量，你很容易混乱，所以主题阅读三四十本书之后，就要面对架构问题。

③ 梳理结构：不要成为别人思想的跑马场

梳理结构之前，先把所有跟课程目标联系紧密的知识、观点、技能筛选出来，做知识点的有效性检查。要坚决剥离那些不适合课程受众学习及跟目标联系不紧密的内容。最好一条一条写上即时贴，然后分类。相关的、相似的分成一类，先按照某一种逻辑纽带把它们码成堆，就像我们种菜的时候，茄子一畦，豇豆一畦。

（1）梳理结构的步骤

分类是梳理结构的第一步。分多少类比较合适呢？一般不超过七类。有些实在不好分类的内容可以先放一放，不要奢望把所有的知识、观点都放进一门课中。

> 不要奢望把所有的知识、观点都放进一门课中。

分类以后你就会发现，每一小类中通常有若干个知识点，这些知识点之间能找到某种关联关系，这些关联关系好梳理一些，毕竟数量少。这是第二步类内排序。

对于类内结构的梳理，我个人的经验是：检验一个分类的结构是否合理的方法就是跟普适的结构类比。举例来说，过去、现在和未来是一套时间的普适结构；上、中、下是空间的普适结构；还有春夏秋冬、起承转合、两维度交叉的思想性等很多可以类比的普适结构。

分类最好满足 MECE（Mutually Exclusive Collectively Exhaustive）法则，即不重复、不遗漏。什么叫不重复、不遗漏？比如人可以分为男人和女人，这就符合 MECE 法则。如果有人说，人可以分成女人和老年人，这种分类就有遗漏，也有交叉重复。所以，我们需要头脑风暴，鼓励差异，尽情列举，之后再进行分类，这是从混沌走向有序的基本功，课程开发者应该掌握它。

大的结构框架形成后，将课程按照"知识块"或结构小类别分成若干个教学单元，每个教学单元可以由不同的课程组成。

（2）类别不同，教学策略不同

分析每个教学单元的目标、知识类型和学生状况，确定教学策略，如"讲授""自学""探究""体验""问题解决"等。

前面说过，态度、技能、知识的教学方法和策略完全不同，课程设计者要根据能力类别设计合适的教学方式。

态度类的要通过场景制造认知不和谐，激发学生讨论、质疑和反思，最后由学生自己谈感受。技能类的内容则需要反复练习、强化，让学生下课后有强烈的练习冲动，才可能达到良好的培训效果。知识类的内容强调对知识进行归纳、归类、精加工、不断重复，考试是检验学生是否掌握知识的好办法。

④ 内容好，还要表达形式好

至此形成的逻辑只是一个大概的框架逻辑，还不是最后的结果。接下来的事情比较难，就是为这些技能点寻找最佳表达形式。

建构主义教学比较讲究情境，有时候需要给情境配上问题，有时候需要给问题配上情境。如果干巴巴地讲道理，课堂就变成了说教，没人喜欢听，而真正的讲课高手会把要讲的道理融入情境中，让受众自己品味其中的道理，这样取得的效果就大不一样。教育就是让人们在抽象的概念中获得直接的体验——把学生置身于一个情境中。举例来说，让我们讲泰坦尼克号的故事，这不就是一个沉船事故嘛，几句话就说完了，而导演则通过罗丝和杰克凄婉的爱情故事，把沉船的场景再现，让人觉得自己就在泰坦尼克号上一样。如果去掉这些演绎，这个故事三句话就讲完了：1912年一艘豪华巨轮由于船长的大意，触冰山沉了，死了若干人。

如果让你描述一下"9·11事件"，你会怎么描述？无非就是基地组织劫持了几架飞机，撞了世贸大楼和五角大楼。有人是这么描述"9·11事件"的：南希是一个在华尔街从事金融行业的白领，她收入很高，日子过得很好，在一座很体面的大楼的87层上班。有一天她穿着职业装、踩着高跟鞋去上班，刚坐到办公室，忽地听到一声巨响，楼上起火，她来不及问为什么，便和所有的同事一窝蜂地往下跑。在跑的过程中，她的鞋掉了，腿瘸了。她灰头土脸地从办公楼出来，眼看着办公楼轰然倒塌。这一天是2001年9月11日。

电影《唐山大地震》也是如此，演绎了大地震引起的姐弟命运的变化，丝丝入扣，催人泪下。所以，情境的演绎要有冲突和情绪，才会让人有触动和印象。情境演绎能起到让"死"事件变"活"的效果，演绎活了能让观众产生移情。移情是人类与生俱来的本能，比方说，你看感人的电视剧会流泪，看见刽子手的鬼头刀会下意识摸一下自己的脖子，这就是移情，仿佛自己就是电视剧里的角色。

课程的情境设计得好不好，关键要看能不能让学生产生移情。如果学生没有产生移情，虽然课程进行了场景化，效果也不会太好。课程要有好效果，最重要的是要抓情境，场景越贴近学生的工作实际越好。开发紧贴业务的内训课，找到典型的场景，如果某知识点没有典型的场景，也许就不应该成为培训的主要内容。

⑤ 过程设计符合"学习心电图"

形式设计好之后，你要根据前面梳理的大逻辑进行编排，估计教学时间，必要时要有时间分段。原则上，每一个教学单元都要尽可能"五星化"。关于五星教学原理，后面会做专门介绍。总之，教学过程就像跟学生打乒乓球，球发出去后要等对方回过来，你再回过去……有来有回才有意思。现在多数人讲课是不顾学生呼应地喋喋不休，自己发挥得很过瘾，学生听得直打瞌睡，这就是只有知识，没有过程设计的课程。

按单元顺序排列之后，你会发现：有些很重要的内容可能要排到下午学生最困的时候进行，而早上最好的时间则可能要做互动游戏。这种情况下，设计者就要再次调整原有逻辑，有时候甚至涉及内容的裁剪或重新选取素材。

最后，你要不断提问以检验课程开发五要素之间的逻辑自洽性：目标是否达成，内容是否符合，结构是否精巧，形式是否一致，过程是否服务于内容或结构。比如形式服务于目标和内容，形式对过程和逻辑要有一定的影响。这五者是相互影响的关系。

⑥ 精雕细琢，持续打磨

教学是实践性很强的工作，任何设计都要经得起实践的检验。好课程是一点一点打磨出来的，讲一遍改进一点，不断地打磨，才能成为精品。课程要有一稿、二稿、三稿、四稿……所以，对课程进行升级、调整的最佳时机是每次上完课之后，我们要根据上课过程中的感觉——学生对内容的掌握情况、学生的参与情况、过程是否科学合理等，对课程进行修改。

课程开发的五个要素是相互影响的：目标决定内容，内容决定形式，多单元不同形式串联起来就是课程结构，这是课程自然形成的过程。在这个过程中，五个要素相互限制，使得前后一致，结构会限制目标，过程会限制内容的发挥，目标会限制形式，内容会限制逻辑，形式会限制过程。

四、课程开发的最高境界：高质高效持续迭代

回看当年关于课程开发的论述，我感慨万千。我不忍用现在的认知去大刀阔斧地删改当年的文字，不仅因为这样做显得不尊重那段历史，更因为那些朴素的描述背后隐藏着浓厚的情感。这些文字能够轻易把我的思维勾牵到那段激情燃烧的岁月。正因为当初秉持了开发精品课程的理念，才让我在专业的教学设计上走得更远，基础打得更坚实。

我对课程开发的主张和实践一直在迭代，2014年出版的《精品课程是怎样炼成的》一书就源自我当初多次讲授的"课程开发工作坊"。2017年我创业后又讲了很多遍课程开发，每次都对教学设计有新的理解，课堂都能涌现出高质量的问题和精彩的案例素材。2021年我又推出"金课开发"线上训练营，做完十几期训练营之后，我把训练营的讲稿和学生案例写成了《金课开发15讲》一书，并正式出版。在本书再版升级之际，我关于"金课开发"还有很多话想讲，下面挑重点给大家讲几条。

① 精品课程也可以敏捷开发

我们通常会把过去的业务经验提炼升华为精品课程，而且精品课程开发通常需要一个不短的周期。但是，企业中遇到的现实问题通常是超乎过往经验的，新问题需要新的解决方案。如果还用过往的所谓精品课程培养未来的人，就有刻舟求剑的意味。面对快速多变的商业环境，我们费了很大力气、花了很大成本、耗了很多时间打造出来的精品课程，变得很容易过时。往往是课程好不容易打造出来了，企业的业务却转型了。因此，课程开发必须敏捷，要跟战略同频，与业务共舞，同样做到快速迭代。战略是动态改变的，业务是

第二章 精品课需要精雕细琢

动态改变的，老师和学生都是动态改变的，我们没有理由用过去的课程体系培养未来的人。我很早就领悟到：只有用生物进化的思想指导和开发课程，才能做到与战略同频，与业务共舞。

我们需要把解决现实问题与精品课程开发两件事紧密衔接起来，缩短从经验到知识，再从知识到课程的流程。我在《金课开发15讲》中详细地论述了精品课程在实践中敏捷迭代的做法，分成四大环节：第一，有问题即可开研讨班；第二，研讨成果加工成课程；第三，课堂上持续淘换素材；第四，课后复盘迭代课程。实际上，课程开发的前半程是解决现实问题的行动学习，后半程是把行动学习的成果加工成课程并在授课中持续迭代。我在实践中发展出来的这套打法非常实用且高效。

后来，我又发展出冗余开发的Delphi迭代策略，用一套高效的组织方式实现小组合力开发一门课程的办法。开发一门课程，可以把有能力且有相关经验的人分为若干个小组。先把所有小组集中在一起，用行动学习的方式群策群力地定义课程的表现性目标。表现性目标确定之后，各开发小组分头进行课程设计，根据自己的理解来设计内容、形式、逻辑、过程等。一周后每个小组要拿出课程设计的初稿，把所有小组集中在一起，评审各组开发成果。每个小组公开汇报自己的课程开发成果，汇报完毕大家共同评议：该小组的作品亮点是什么？不足是什么？设计能否有效实现表现性目标？

共同评议之后，让每个小组继续迭代优化自己的课程，规则是其他小组的亮点可以无条件借鉴，其他小组的不足也要引以为戒，并在原来的基础上尽可能多地继续创新。各小组带着任务回去迭代优化自己的课程。一周后大家再汇报升级版的课程。可以确定的是，评审会上其他小组的亮点和不足大家还是能达成共识的。每个小组都会在第二次迭代中吸收和借鉴公认的好元素，同时也会受其他小组的启发有所创新。

一周后再次召开评审会，还是同样的流程：分小组汇报、共同评议。不难想象，每个小组的课程设计相似度会提升，因为好元素大家都会借鉴和采用。当然，新的创新也不少，因为每个小组都希望自己的课程有亮点，值得其他小组借鉴和引用。在第二次评审会上各组汇报和共同评议之后，依然允许每个小组无条件借鉴其他小组的亮点，再给大家一周时间进行第三次迭代优化。就这样迭代三四次之后，各小组的相似度会大幅度提升。当各小组的相似度大于百分之七十的时候，最终的版本就在自然进化中呼之欲出了。

其中的关键是，我们要敢于直面真实的业务问题，用行动学习的方式把组织经验萃取和课程开发融为一体，这才是适应快速多变节奏的组织学习方式。

② 课程是互动脚本

有老师曾问过我这样一个问题："田老师，我的这门课已经讲了很多年了，内容我几乎都能倒背如流了，但是越讲越觉得自己的思维变得枯竭了，怎么办啊？"其实很多老师都有类似困惑。我就问他："我猜你的课堂一定是那种宣贯式的一言堂，从头到尾都是你讲，对吗？"他回答道："对啊。你是怎么知道的？"我说："感觉自己的思维越来越枯竭，就说明你的课一定是这个范式的。"早在2012年，我就提出了检验一堂课好坏的标准就是看老师宣贯的比例和师生互动的比例。如果老师宣贯的比例超过50%，那么这堂课基本上就是失败的。这类老师上课是没有教学设计的，他的课只分两步，第一步老师讲，第二步结束下课，这种课程也叫"一言堂"。

对教学的理解直接决定了老师的备课方式。很多老师心目中的教学就是单纯的传授知识，备课对他们而言就是内容的堆砌，上课其实就是在讲台上背书。事实上，教学并不是把知识当作"快递"送给学生就完事大吉了，而是要把学生的大脑充分激活，使其完成新知与旧知结合的建构过程。以内容为中心还是以学生为中心，备课策略会完全不同。好的备课并不是备内容，而是备问题。课程是老师和学生互动的脚本，上课实际上是对问题的探究和解决过程。在这个研讨中，老师要转移知识的所有权，要让学生觉得这个知识点不是老师教给我的，而是我自己琢磨出来的。只有让学生有了这种感觉，让他真正拥有了知识的所有权，他才可能在未来的场景中正确应用知识。

在教学过程中，重要的不是老师讲了什么，而是老师所讲的内容在学生脑海里引发了什么反应。传授知识时，老师如果贪图省事，直接把前人的结论灌输到学生的脑海里，后果就是学生脑袋里装了很多知识，知其然却不知其所以然。知识成为学生的谈资，但他们不会运用知识解决实际问题。

好的教学应该是用问题做牵引，让学生经历问题探究，通过师生头脑风暴共同寻找答案的思维过程，最终得出的结论就是老师原本要讲授的知识。这样才能让学生感受到自己学到的知识是有根的。他们不仅知道这个知识来源于现实的实际问题，也知道问题解决过程中的来龙去脉，更是亲自参与了用新知解决问题的过程，甚至会对新知的理解做进一步延展和升华。教学设计应该沿着老师的想法，引导学生弄懂这条路该怎么走，而非老师挖空心思地琢磨如何讲才能出彩。教学的目的不是让老师讲过瘾，而是让学生彻底明白。

③ 磨课也是磨老师

自《上接战略 下接绩效——培训就该这样搞》面世后，我陆续写了13本专著，其中2017年创业至今，推出了10本书，而且每一本书都追求"三独两精"，即独到主张、独家案例、独特法门、精巧结构和精辟金句。我的每本书都是由磨了很多遍的课整理而来的。我的所有课程都是在对话中进行的，所以在社会化学习中我就有机会收集到大量真实案例。在利用所学知识帮学生解决真实难题的过程中，我已实现了从知到行的转化。遇到难以解释的现象和问题时，我便会回过头来在书中找答案。于是就形成了用上课的方式消化书本知识，又用现实问题驱动读更多书的知行互促的良性循环。在这个过程中，我和学生都有了很大的收获。

我上课时非常不喜欢简单重复，即便讲同样的课程，也会尝试用不同的方式讲。这并不是甲方的要求或学生的要求，而是我对自己的要求。其实每堂课面对的学生是不同的，用同样的方式讲同样的内容，学生们很难觉察到，但我不允许自己这样做。课堂是学习的场所，在每一堂课中老师都要学习，这样老师的收获甚至要比学生还多。为了自己的学习，我每一堂课都会恰到好处地植入一些新的元素，我称之为"三刻意"：刻意引用最近看书得到的新观点，刻意练习新模式或者新方法，刻意让某些讲述更具感染力、更能触动学生心灵。每一堂课我都要求自己恰到好处地走出舒适区，既不简单机械地重复，也不颠覆性地发挥。

课后我会花大量的时间复盘。我会对"三刻意"的效果进行评估和复盘，也会认真回顾课堂呈现的新鲜元素。针对课程过程，我会问自己：哪些环节行云流水般非常顺畅，值得复制？哪些环节过渡不自然，需要改进？针对每一个单元的目标和内容，我会问自己：表现性目标是否实现了？学生的提问我是否进行了有效回答？是否还有更好的回答？学生的讨论是否充分有效？是否有更好的组织方式？学生有哪些精彩的案例分享和有价值的提问？针对课程形式，我会问自己：形式与内容是否完美匹配？形式是否带给学生难以忘怀的心灵触动？所有对这些问题的深入思考，一定能帮助我把课程迭代得越来越好，也能帮助我飞速成长。

还有一点非常值得一提，那就是对课堂上的感受进行复盘。老师用心地上了一堂课，就一定会在课堂上有深刻的情感体验。那些让师生都感觉很愉快的互动，那些有点尴尬却最终化险为夷的过程，甚至是那些让人不愉快的事件，只要课上激起了浓烈的情感，课后都值得深刻复盘。经历时投入了真情，复盘时再挖掘其背后的道理，就很容易促进你的行为、情感和认知的融合，最终形成改变的闭环。

对感受进行复盘实际是从自身行动开始，回味当初直接的情感体验，总结规律后，升华为方法论。老师如果能够对教学事件和挑战进行深入复盘，就会学到更多有用的内容。《道德经》中说："慎终如始，则无败事。"对一个注重成长的人来讲，世界上不存在彻底的完败。即使失败了，如果能从中"吃一堑，长一智"，收获经验教训，那么内在成长了也是收获。从这个意义上讲，无论事情成败，只要认真复盘，我们都会从中学到知识、增长智慧。有这份领悟后，凡是在课堂上遇到教学事件或者挑战，我的第一反应都不是紧张，而是莫名的兴奋，暗忖：今天晚上又有的复盘了。

好课程是打磨出来的，老师要非常用心地上每一堂课。应付式上课是发现不了课程需要改进之处的，老师也不可能在上课中有效提升自己。应付上课本质上是在应付自己，认真走过，必有收获。对老师而言，课程其实是"社交货币"，上课无非是以课程为主题，与不同的学生进行社会交流，最终的结果一定是师生双赢，双方都能从交流中获益。

第三章

建构主义，给人力量

如果给小学二年级的学生讲微积分，无论你讲得多好都没有用，因为小学二年级的学生不具备学习微积分的内在条件。所以要教新知识，先要分析学生的水平。学习是学生主动完成的建构过程，而非被动接受的过程。每个人都用自己固有的经验、信念来理解和消化新的信息、概念、现象和问题，对这些新的材料进行感知、联想、评估和决策，最后将其消化为自己的理解，整合到自己的信念系统中，这就是建构主义所理解的学习过程。

第三章　建构主义，给人力量

一、驯兽、砌墙、浇花，你选哪一种

人们对教育方法的认知也是不断发展的。概括起来，我用三个不同的隐喻来形容三种教育理论的核心主张。

① 驯兽主张

大家都知道伊万·彼得罗维奇·巴甫洛夫的条件反射实验，后来爱德华·李·桑代克用猫做了试错的实验，即猫通过反复试错尝试走出一个迷宫的盒子。当时的人对大脑是没有研究的，对教育的理解就是刺激—反应理论，教育的目的就是通过不断的刺激强化，以增强受教育者的反应。就像训练狗熊钻火圈，钻过去就给它吃的，钻不过去就没有奖励，久而久之，狗熊就会钻火圈了。

这是最基本的教育方法，不研究人的大脑的思维过程和信息加工的过程，把大脑当成一个黑盒子，要让学生产生某种行为，就用相应的外部刺激，反复强化，直到形成某种固定的刺激—反应模式，学习过程就完成了。我把这种教育方法比喻为驯兽，这种教育方法被称为行为主义教育方法，今天还有人在用，而且也非常有效，最典型的就是在驾校学开车。你会发现，不管是在南方还是在北方，一些驾校的老师在学生犯错时会严厉地批评，甚至伤其自尊。这种做法是很有效的，通过强刺激，让学生对很多危险禁忌产生强烈的印象，终生难忘，从而养成好习惯；又通过反复练习，让学生对有些技能形成肌肉记忆，产生条件反射。所以对于要自动化反应的动作技能培养，"刺激—反应"理论绝对是有效的。

② 砌墙主张

后来人们发现，仅仅把大脑当作一个黑盒子是不对的，其实大脑是有其结构的，人们对世界的认知、信息的加工需要大脑这样的物质器官，这就有了认知主义。认知主义最典型的代表人物是本杰明·布卢姆和罗伯特·加涅，标志性事件是1956年布卢姆发表了教学分类理论。他强调知识的结构和分类教学，更注重大脑对信息的加工过程，根据大脑对信息的接收、理解、存储、提取的规律，对能力进行分类培训，不同能力在大脑中的加工方式不同，教学的方法也有区别。布卢姆把能力分为态度、技能、知识。之后认知主义有了长足的发展，直到今天还在不断发展和完善，有一本书叫《21世纪教育目标新分类》（盛群力等编著），里面介绍了很多教学分类主张。

认知主义把人的大脑假设为一个存放知识的筐子，认为把某种能力放进学生的筐子里，学生就具备了某种能力，不足之处是忽略了学生在学习过程中的主观能动性。我对此有一个比喻，认知主义就像砌墙。假如培养一名合格的软件开发工程师要修二十门课，相当于砌一面墙需要二十块砖，老师把一块块砖放进学生大脑里，以为学生心中的墙就砌起来了。事实上，有大量的合格毕业生不是合格的劳动力。原因是在老师看来，每块砖都给学生了，但学生心中的墙并没有砌起来。

> 在老师看来，每块砖都给学生了，但学生心中的墙并没有砌起来。

③ 浇花主张

既然认知主义的不足在于低估了学习者在学习活动中主动参与的重要性，就必然有新理论去弥补，这就是建构主义。实际上早在20世纪30年代，苏联心理学家利维·维果茨基就提出了社会建构主义的主张，可惜他30多岁就去世了，他的主张在其有生之年没有被广泛认同。20世纪80年代起，德国职业教育率先采用建构主义，之后建构主义在欧美流行。我将建构主义比喻为浇花。一盆花，你想控制它，让它明天长成什么样，两个月后长成什么样，你有这个本事吗？你没有这个本事。因为花的生长是由它的基因、根系等很多先天和后天因素决定的，我们没办法控制它长成什么样。我们能做的是给它应有的养分、水、土壤、空气等，然后让它在这样的环境下自由成长。我们连让花长什么样都不能控制，就更没有本事控制人长什么样了。

所以，建构主义认为，老师没办法控制学生成为什么样，因为每个人都有自己独立的意识和价值观，老师在课堂上能做的只是给学生信息、场景，学生结合自己以往的经验和知识对信息和场景进行意义建构，从而形成新的认知。学生是学习的主体，知识是学生主动建构的结果，课堂上老师要营造方便学生进行建构的氛围和环境。

社会建构主义认为其意义是经过社会磋商完成建构，所以我认为在建构主义的课堂上无所谓谁是老师，对学生来说，除了自己之外的其他人都可以是老师，他们的作用都是帮助学生想明白道理。

你在课堂上获取信息，置身于某种场景，吸收其他人的观点，与老师同学进行意义磋商，最后完成属于自己的建构。建构主义认为，老师无法让学生保持空杯心态，因为每个人都用自己固有的知识、经验和价值观解读世界。如果一个人真的"空杯"了，他反倒无法建构了。建构主义者最基本的假设是受教育者是一个独立的、有自己思想的个体，是学习的主体。课堂给学生提供信息和情境、提出问题、引发讨论，让学生想明白道理，继而作出属于自己的决策。

④ 冰山下的不同

这三种教育理论就好比三座并列的冰山，很多人都只看到水面上冰山的不同，其实水面下的部分更是各具特色。

教育心理学是心理学的一个旁支、一个应用。20世纪初，行为主义心理学成为主流，代表理论是刺激—反应理论。当时，不管是威廉·詹姆斯、约翰·杜威，还是巴甫洛夫、桑代克，都主张在行动中学习。

行为主义最基本的标志就是不探究大脑的运作机理，把大脑当成黑盒子，做很多外部实验。认知主义则不同，它将大脑对信息的获取、理解、评估、决策、反应等信息加工过程的机理做了研究，所以认知主义是以认知心理学为基础的，并深入研究大脑的结构和机能，比如额叶、颞叶、杏仁体、丘脑的功能等。当然，精神分析学派对认知主义的教育也很有贡献，精神分析虽然不研究大脑的生理器官，却通过人们行为乃至梦境的分析来探索人的意识和潜意识，精神分析学派的很多主张和实践对我们的教学，尤其是态度类教学有很大的借鉴作用。

建构主义和格式塔心理学有紧密的联系，格式塔心理学非常看重主观意识的能动性，强调认知是人们基于大脑中早已存在的各种痕迹，加上主观意识对这些痕迹的再加工所形成的构图。举例来说，你看到一只手就知道那是一个人。你凭什么知道那是人呢？是因为你的大脑里储存了很多关于人的痕迹。突然来一个信息，你的大脑就会根据这些痕迹加工建构，判断出那是人，这个过程中你的意识、经验、格式塔都是积极参与的。

从格式塔心理学往前探究，可以追溯到明朝王阳明的心学，王阳明心学有三个核心主张。

第三章　建构主义，给人力量

> 心即理：世界是人心中的世界，个体内心认为的道理就是道理；
>
> 知行一：真知就会和行动合二为一，知道了不行动是因为还没有获得真知；
>
> 致真知：人们要不断提高自己的认知水平，形成真知，真知的最高境界就是知行合一。

心学的根在中国，后来传到日本，现在非常流行的稻盛和夫的经营哲学就源自中国的心学；当然也传到了西方，在德国发展起来的格式塔心理学也承认其思想源自中国。

建构主义与认知主义的最大区别是：认知主义把人们当成被动的接受者，研究大脑机能的目的是往大脑里装东西；而建构主义认为大脑会根据已有的经验痕迹对信息再加工，生成意义，建构理解，经验痕迹因人而异，建构的结果也各不相同。所以，通过一个人讲空杯心态就判断他不懂教育是对的，"空杯"确实做不到也不应该做到。

> "空杯"确实做不到也不应该做到。

学生都是带着自己过去的经验、知识来到课堂的，每个人对知识的消化程度取决于他消化这些知识的能力。罗伯特·加涅在他的《学习的条件》里也强调，学习者已经具备的知识基础是学习新知的内在条件，掌握不了某种新知，很可能是因为学习者暂时还不具备消化这些新知的"酶"。如果你给小学二年级的学生讲微积分，无论你讲得多好都没有用，因为小学二年级的学生不具备学习微积分的内在条件。所以要教新知识，先要分析学生的水平，也就是建构新知的基础。建构主义哲学的基础是主观理性主义。所谓主观理性主义，即个人认为合理就是合理，也就是主观认为理性。

伊曼努尔·康德认为世界本来就是无序的，是人的大脑让其有秩序，我们感知的秩序实际上是大脑自己梳理的秩序。这跟王阳明的主张是相似的。建构主义者说：没有真实的世界，只有真实的解读。我们从不否认世界的客观存在，只是没有能力对其进行绝对客观的解读，每个人都有自己的解读，并且依据自己的解读去决策、行动。

知识是对经验的建构。我们都要用过去的经验来建构新知识，学习是用原有知识解释新知识的过程，是基于经验探寻意义的过程。学生把新知和旧知结合起来，能够解释新知，并形成新的意义，就说明消化了新知。

社会建构主义还强调学习的协作性，建构过程还伴随着不同观点之间的意义协商。学习过程中有一些伙伴，形成一个社会环境，彼此分享自己的观点，进行有效的质疑、反思，做到意义协商，才能促进学习。人是社会动物，人的认知离不开社会。比如每个人都知道自己的优点，有人说自己的优点是善良、乐观、好学等。如果紧接着我问："你怎么知道这些是你的优点？"你会发现这些结论全是社会反馈的结果。班里的同学经常说你乐观，同事也说你乐观，你就相信自己乐观。如果把人和社会隔绝，有什么优点、特点，就不知道了。

其实建构主义并没有和认知主义绝对对立，建构主义只是在认知主义的基础上做了发展，是在认知心理学基础上的延续和升级，认知心理学基本的原理用在学习中仍然非常有价值。罗伯特·加涅的《教学设计原理（第五版修订本）》出版的时候，他已经去世了，他的弟子们在他的理论基础上，集成了建构主义的很多思想。建构主义甚至也不否定行为主义，只不过更强调学习时学生的主动参与，认为学生是认知的主体。

二、不一样的教学主张

建构主义者认为学习是学习者建构内在心理表征的过程，学习者并不是把知识从外界搬到记忆中，而是以已有的经验为基础，通过与外界的相互作用来建构新的理解。知识不可能由教师直接传授给学生。这是因为：一方面，学习者在学习过程中并非处于完全被动的地位，特别是学习者已有的知识和经验在这一过程中发挥了十分重要的作用；另一方面，学习者通过学习建构的知识与教师教学的知识并非完全相同，学习者并非"空的容器"或"白板"。

① 世界是感知的世界

建构主义认为世界不是经历的世界，而是感知的世界。美国激进建构主义创立者恩斯特·冯·格拉塞斯菲尔德认为：我们不能否认客观世界的存在，但是没有人能够准确地描述客观世界，因为一描述就有了主观色彩。建构主义对知识的客观性和确定性提出了质疑，认为个体的知识是由学习者建构的，人们对事物的理解不仅取决于事物本身，也取决于建构者的经验背景和信念系统。

事物的感觉刺激本没有什么意义，因为意义是人们赋予的，重要的是，人们会根据自己赋予的意义来解读世界，形成属于个体的认知，每个人都以自己的认知作决策。每个人的基因不同、生长环境不同、经验不同、价值观不同，所以对同一事情的认知就不同，每个人的大脑都是独一无二的。人们对外部世界的感知也是有选择性的，每个人对客观世界的感知都受主观因素影响——选择性地感知、经验性地解释、基于价值观地判断和个性化地决策。建构主义观点对传统的教学和课程理论提出了很大的挑战。

② 学习是学生主动完成的过程

建构主义的学习观认为，每个学生都带着自己固有的经验和信念来到课堂，他们来的时候就存在很大的差别，对同样的课堂内容有不同的建构，甚至和什么人一起建构也是很重要的因素。

首先，学习是学生主动完成的过程。每个人都用自己固有的经验、信念来理解和消化新的信息、概念、现象和问题，对这些新材料进行感知、联想、评估和决策，最后将其消化为自己的理解，整合到自己的信念系统中。学习者是学习活动的主人，承担着学习的责任。

其次，学习需要一个共同建构的社会群体。人们对自己及事物的认知有很大一部分来自外界的反馈，每个人在建构过程中都需要外界的反馈。学生们进行沟通交流、分享资源和信息、相互影响、相互促进，共同对新知进行意义协商。所以，建构主义的课堂除了学生本人，老师和其他同学都是信息输入源，都可谓老师。

最后，传统教学习惯直接把知识、概念灌输给学生，而建构主义则认为知识都存在于具体的情境中，不可能脱离活动的情境单独存在，所以比较崇尚情境教学，让学生在情境中感悟，自己悟到知识。

③ 教师的作用就是帮助学生思考

在传统的教学中，教师的作用是传递客观而确定的现成知识，课堂的主角是教师。建构主义崇尚教师帮助学生建构新知，为此，教师将学生置身于场景之中，提出问题，激活学生的相关知识和经验，给学生输入相关信息，提供相应的思考工具或流程，组织引导学生进行研讨协商，激发学生的推理、分析、评价等高级思维活动，协助学生完成建构。因此，教师的角色就是催化师，具有辅助性。但并不能就此忽视教师的作用，在内容的选择和方向的确定、关键时候信息的输入、有效提问促动学生反思、组织学生意义协商等很多环节，对教师都有更高的要求，建

第三章 建构主义，给人力量

构主义并没有降低对教师的要求。

从教学设计来讲，建构主义的课堂要用促动的方式转移知识的所有权，让学生感觉到知识是自己研究明白的，而不是老师告诉他的。建构主义的课堂上，重要的是让学生不断地思考，完成属于自己的建构，而不在乎学生们是否有统一的、客观的、确定的认知。

如图 3-1 所示，每个学生都带着自己固有的信念和习惯来到课堂，在课堂上又能接收到来自老师和同学的新的信息和观点，这些信息和观点有可能给学生带来新的启发或冲击，促进学生进行意义建构，更新自己的信念系统，进而形成新的习惯，下次培训或交流时也许有了新的信息和观点，新的建构又开始了……活到老，学到老，建构过程就这样周而复始地无限螺旋发展。

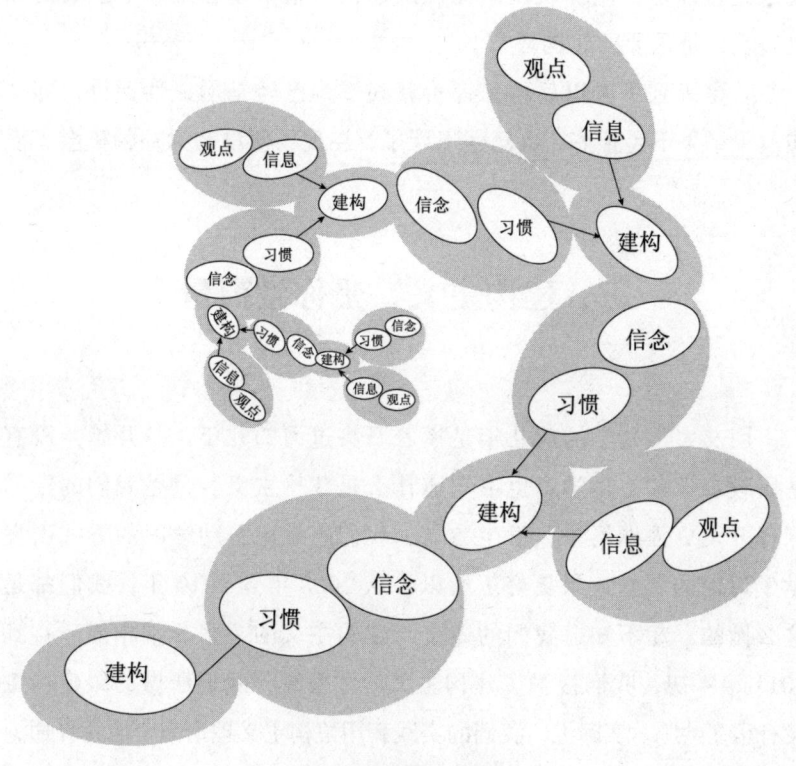

图 3-1 建构示意图

④ 建构效果可以随时评价

同样的，在学习效果评价上，建构主义更加崇尚表现性评价。更重视从学生的外在表现来检验学生建构的结果。建构主义认为学习效果当堂就能体现出来，只要学生发言，就能表露出他们的建构情况——结合自己实际工作的感悟、困惑、受他人的启发等，都可以通过学生的表现洞察到。所以，建构主义课堂的效果评价可以随时进行，而且方式多样。

比如我们经常采用的方式：一组学生汇报，其他学生"拍砖"。汇报组汇报的是他们应用课堂所学知识完成的作业，作业本身就是他们建构的成果，而"拍砖"学生也必然要依据课堂所学对汇报组的成果进行评价，同样表现出他们的建构。整个过程是一个意义协商的过程，是重要的建构环节。

若是等到下课以后再来评价就晚了，已经是形成性评价，即便知道了结果不是很好，也已经下课了，在现场便没有弥补的机会了。

三、建构主义，爱你没商量

用友大学办学的前几年是摸着石头过河的几年，一开始并没有钻研教育学和心理学，也不知道什么是建构主义。只是我们的精品课程开发更强调场景、学生参与，我们感觉用行动学习的方式引发学生讨论的课堂效果更好。所以，从 2008 年到 2010 年，我们都是这么做的，却不知道我们的做法与建构主义的主张非常相似。直到 2011 年年初，我们接触了建构主义后才发现，我们所做的跟建构主义有很多共鸣。实际上，我们的实践套用建构主义理论完全能解释通，这反过来激励我们深入研究建构主义理论，以不断指导和发展我们的实践。比如我们拍摄的视频课程，一开始并不知道是在按建构主义思想来做，只知道给学生场景会使课程变得生动，不想干巴巴地说教。

我们并不是一开始就特别有理论、有思想地去做，而是隐隐觉得这样做有效，摸索了近两年才发现了行动学习的有效性，三年之后才发现：我们原来用的是建构主义。用友大学成立之初并没有建构主义思想，我们的建构主义思想是在实践摸索的同时通过理论学习建立起来的。

① 建构主义到底怎么用

深入学习了建构主义，我们反过来审视前三年开发的精品课程，发现很多地方的教学并未践行建构主义，还有很大的提升空间，甚至一些当时被认为很经典的课程其实问题挺多，这一发现让我们很兴奋，说明我们在进步。由此可见，理论对实践的指导作用很明显。我们做了很多以后发现我们其实是建构主义者，然后促使我们开始对原有的一些工作有了更深层次的认知。《中庸》有言："自诚明，谓之性，自明诚，谓之教。诚则明矣，明则诚矣。"我们对建构主义的认知走了一条因了解而信仰，因信仰而更深刻理解的道路。

（1）用情境与问题引导学生去建构

从 2011 年开始，建构主义几乎成了我们的信仰，大大提高了我们进步的速度。我们面对的学生都是成人，多数学生是有多年经验的 IT 人士、销售精英，而且企业的学生没有考勤要求，他们不满意随时都可以走。这就逼着我们用最有吸引力的课程留住学生。

建构主义的课堂要求，知识不能直接抛给学生，要引导学生自己思考和总结出来。我们认为所有人都是老师，都是镜子，只是这面镜子不是平面镜，而是哈哈镜。每个人都有自己的观点，每个人的观点都渴望被理解和被接纳，多面哈哈镜的成相聚合起来就能洞见相对客观的真相。所谓客观，有时候不过是大多数人都认同的主观。

> 知识不能直接抛给学生，要引导学生自己思考和总结出来。

建构主义的教学就是要把学生放到情境中，让他们去共同建构。让学生调动自己的格式塔，对这些痕迹做有意识、能动性的加工，然后形成新的格式塔。所以，学习应该发生在一种情境中，效果检测应该与执行实际任务整合在一起，而不是一个独立的过程。

我们一直觉得培训效果检验是一个世界级难题，其实最好的检验培训效果的方法不是柯氏四级评估，而是学生当堂的表现。每一次学生发言都是在报告自己的建构情况，每一次当堂练习都反映了学生的掌握情况。因为学生的发言是结合已有的知识进行的。学生以自己的认知作决策，不管老师多么歇斯底里地强调所讲的知识有多重要，学生还是只能听进去他们认为有价值的那几句，其他的全都抛掉。学生带着固有的信念来学习，建构主义的学习就是给学生"打疫苗"。

每个人的大脑都是独一无二的。同样一堂课，每个人的收获也不一样。因为每个人的基础不一样、知识结构不一样、经验不一样、价值观不一样、成长经历不一样、性格不一样，对于同样的信息，学生的建构结果自然也不一样。所以，用试卷能够检验的都是些知识类的东西，对于态度和技能用试卷很难测试出来。

我讲课，常用对话的口吻。因为我知道我在交流，在跟学生对话，而不是宣讲。我在台上讲，学生的肢体语言就传递了他们的反应，我很容易洞察他们的身心是否都在课堂里，但凡有人走神，我就会调频——讲个笑话让大家鼓掌，抛个问题让大家发言，等等，这些调频能起到重新聚焦大家注意力的作用。

（2）用建构主义指导课程开发

我们用建构主义的思想指导课程开发。我认为教育工作者要在自己的教学过程中坚持建构主义教学设计。这一点在我们的课程评审中体现得最明显，我们甚至认为，最适合的课程评审者不是专家，而是学生代表。学生对老师讲授知识时的感受是评判课程设计优劣的有效标准。所以，我评审课程时首先把自己假设成学生，试图从学生的角度去消化课程内容，这样就更容易发现课程设计中的问题。

> 最适合的课程评审者不是专家，而是学生代表。

比如我们有一个老师开发的课程，讲的是一个很简单的道理，竟然引用了迈克尔·波特的五力模型，我就反馈说："不是你讲的不对，而是我作为一个普通的销售员不知道这么高深的理论，你是不是应该先向我介绍这些理论的来源？这样一来，你要讲的主题就跑偏了，我没法完成知识的建构。"我在课程评审中从来不客气，因为我代表着学生。

建构主义思想很容易明白，但实践起来可没那么容易。下面分享几次我印象深刻的讲课经历，来阐释建构主义的威力。

② 案例一：一次共同建构的高管沙龙

2011年3月，我应邀参加一个人力资源总监和企业大学校长沙龙，主题是"用友大学办学实践分享"，我是主讲人。与会者多数是大企业的高管，组织者对我做了有点夸张的介绍。我一进教室就感觉气氛不对，来宾们派头都很大，很多人摆出一副挑战的架势，好像要看看我究竟有多厉害。这时候，如果我一上来就讲用友大学的办学经验，不管讲得多精彩，他们都会是一个评价：不过如此，没什么了不起的。所以，宣讲是没有效果的，好在我是建构主义者。

上接战略 下接绩效
——培训就该这样搞

一开场，我就说："在座的各位百忙之中抽空来听我讲课，一定都是带着问题来的吧？"那些来宾显然是带着问题的，可能一路上都在想如何挑战我。我继续说："所以，每个人用便利贴写三个最想在今天下午解决的问题。"然后我将来宾分成六组，每组八人。写完后我要求每组讨论产生最能代表本组的六个问题，六组共产生三十六个问题。我又让大家把这些问题贴到黑板上，合并同类项。之后给每人三次投票机会，大家投票选出最关心的六个问题。

半小时后，六个问题选出来了。假如这时候我就这六个问题一个一个讲用友大学的实践，就上当了，来宾们还有抵制心理。建构主义认为，所有问题的答案都藏在学生的内心，其实根本不需要我回答这些问题。所以我把这六个问题分配给六个小组，第一组认领第一个，第二组认领第二个……第六组认领第六个，我们一起做"世界咖啡"（指不同专业背景、不同职务、不同部门的一群人，针对数个主题，发表各自见解，互相碰撞意见，从而激发出意想不到的新点子）。四轮下来花了两个小时，来宾们讨论得很热烈，交流得很愉快。然后我组织各组组长轮流汇报。汇报完已经过了三个小时，我还没有开始讲我的内容。

这时候我问大家："现在各组的汇报对你关心的问题有没有贡献？有没有价值？"所有人都喊有价值，有很多值得借鉴的经验。我紧接着问："我明天还要到另一个城市开同样的沙龙，我可不可以上来就说，昨天我们已经做了一个同样主题的沙龙，来了五六十个业界大腕，大家一起探讨了组织能力提升的六个问题，我们认为这六个问题应该如此解决。这样讲他们会买账吗？"来宾们摇头说可能不买账。我问为什么呢，怎么做才行呢？有的人说，恐怕还得再这么折腾一下。所以，人就是欠折腾，不折腾一趟就觉得这些知识不是自己的。如果不折腾，他们会找上百个理由来排斥我讲的内容。

带领学生围绕组织能力提升的话题建构了三个小时之后，我作为用友大学的代表，用四十分钟分享了一下我们的实践和体会，大家都很认真地倾听了。

那次沙龙对我的启发很大，更坚定了我对建构主义的信任。后来我发现，所有课程都可以利用建构主义思想，用微行动学习的方式进行。

实际上，跟传统教学相比，建构主义教学花费的时间是一样的，因为讲师用直接宣讲的方式时，会把大量时间用于解释所讲观点。而建构主义教学直接把问题抛给学生，学生们研讨完汇报，讲师会发现自己原本要讲的内容学生大部分已经汇报过了，只需要把自己讲的内容做一个概括总结、重点强调及补充就可以了。更重要的是，学生的理解程度提升了，参与度增高了，讲师也轻松了。

③ 案例二：建构主义化解争端

我曾经受邀给一个全国高校教师培训班授课，学生是来自全国各地高校的骨干教师。组织者请我去讲用友大学的一个教学实践，我觉得蛮有意义的，就答应了。组织者向我介绍：这些学生都是从全国各省选拔的专家和精英，80%的人有博士文凭，一小半人是教授甚至博导。我打算讲我一贯的"上接战略，下接绩效"的企业培训主张和建构主义实践。

开场仅仅二十分钟，我的观点就备受质疑。如果你是我，遇到这种情况，你该怎么办？关键时候，建构主义救了我，要不然我这个企业大学校长的脸就丢大了。

我沉默了半分钟，并清了清嗓子说："我不得不干预一下，作为分享嘉宾，我今天根本没想说服大家信我这一套。因为大家都带着自己多年的知识、经验和价值观来到这个课堂，我给大家的是一种信息，我只保证我讲的都是我实践过的，我没有让你们接受我的观点。我是建构主义者，我给大家输入的是一种信息，也是一种客观实在，你信多少是你的选择，能信多少算多少，哪怕觉得一句话都不信，至少还有一个作用，就是能把它当靶子打。大家不妨结合自己固有的信念对我讲的内容进行加工建构，这才是我希望达到的效果。大家的反应正好说明大家在积极思考，一堂课只要能够调动学生积极思考就是好课。我坚信，作为老师并不是要给学生灌输什么知识和理念，非得要学生相信我的东西，我只是分享给大家，你能接受多少取决于多方面的因素。在座的各位都是老师，回去也要给你们的学生讲课，如果你们的课堂遇到类似的情况，你们通常会如何处理？建构主义的课堂非常鼓励不一样的声音。"

> 建构主义的课堂非常鼓励不一样的声音。

讲完这段话，我沉默了半分钟。全场突然爆发一阵热烈的掌声。学生可能发现了，尽管没在我这儿听到与他们一致的观点，但学到了一种处理争议的方式，我这个处理方式让他们很意外。接下来很多人把他们的观点亮了出来，课堂上展开了热烈的讨论。后来很多学生认为我讲的内容对他们原有的观念是一个补充，有自己的价值。所以一旦把建构主义作为信念，讲师的内心就会变得很强大。学生各种各样的意见就会变成是针对课堂的，而不是针对讲师的，甚至意见越大越有利于学生建构。

④ 案例三：经理与专家夏令营上的建构

用友集团有一个很好的传统，就是一年一度的经理与专家夏令营，其中有一天是文化主题的研讨和团队学习。2011 年在山东曲阜，主题是"建立幸福用友"，参会的有五百多人，都是用友集团有一定级别的经理与专家。

会前一天的中午，集团董事长王总召集我和集团人力资源部严总一起吃饭。王总把要讲的 PPT 打开让我们提意见，PPT 一共分三部分：为什么要建立幸福用友，幸福用友的内涵是什么，建立幸福用友的二十条具体措施。我的第一反应就是这个报告不是建构主义的，我建议王总先不要讲第三部分，在下午的行动学习中让大家为建立幸福用友提建议，等大家汇报后在晚上的点评中再讲第三部分内容效果会更好。

如果王总早上就把自己设想的建立幸福用友具体措施汇报了，那么到下午研讨时，讨论者会说王总讲的都对，纷纷表决心说要坚决贯彻执行之类的。王总采纳了我的建议。下午的研讨非常热烈，甚至吃饭时间一拖再拖。大家都汇报完之后，王总结合大家的汇报，把原本准备的第三部分作为点评的主要内容。因为大家研讨了一个下午，王总讲的每一句话大家都有共鸣。大家想：这一条采纳了我们的建议，那一条大概是其他人的建议。我们发现，同样是二十条措施，所有权变得不一样了。与会者都认为王总是采纳了大家的建议形成的二十条措施，而不是王总先形成了二十条措施再让大家讨论，这得到了截然不同的效果。

由此我感受到建构主义的一个核心优势，就是通过建构把知识的所有权无形中转移给学生，让学生感觉结论是他们研讨发现的，而不是老师给的。

> 管理中最重要的事情是把领导的意图变成员工的意愿，而建构主义的研讨方式是实现这一目的的重要手段。

如果结论是老师教的，那学生会觉得这些结论永远都是老师的，只有学生自己想明白了才是学生的。管理中最重要的事情是把领导的意图变成员工的意愿，而建构主义的研讨方式是实现这一目的的重要手段。

四、三招教你成为建构主义讲师

我们对建构主义的理解也是一个逐渐建构的过程，直到今天我仍然觉得自己的理解不够深刻，还走在从知到真知的"致真知"的路上。一个人要是把建构主义当作信念，那站在任何讲台上都是底气十足的。建构主义的起点很高，如果说认知主义是 1.0 的话，无论你怎么修炼授课技巧，哪怕修炼到 1.999……也是在 2.0 之下。建构主义就相当于直接让你从 2.0 开始，所以选择很重要。所谓的"道可顿悟，术需渐修"就是这个道理，渐修的术只能帮助你实现小数点后面的提升，一旦顿悟了，就是另外一个境界，小数点前面的 1 直接加 1，从 2.0 开始修。

选择建构主义，最大的好处是你的内心立刻变得很强大。很多人害怕当讲师，西方曾经有个调查，问人们最害怕的事情是什么，结果居然超过半数的人选择了公开演讲，仅次于死亡，排在第二位。大家为什么害怕演讲呢？当然是害怕被听众钉在墙上。如果选择建构主义，你就没有这个担心了，因为学生提出来的任何一个问题，都属于一种观点输入，对学生的建构是有价值的，甚至问题越尖锐，对学生建构越有价值。一个学生把问题丢在课堂，全班学生拿自己的"酶"去消化，不管大家消化到什么程度，都会有收获。

所以，你一旦选择建构主义，站在讲台上的心态就会跟以前不一样，没有了畏惧感，就没有什么人能打败你。认知主义的教学是老师直接告诉学生："同学们，以我几十年的经验来看，这件事情要从这几点考虑，一二三四五，你们去背吧，背完我们考试。"这样的教学方式永远是"两张皮"，学生为了考试，把老师灌输的东西机械地写到试卷上。建构主义则主张把知识的所有权在课堂上转移给学生。老师虽然知道怎么做，但不是直接告诉学生。西方有一句教育格言：学生有问问题的权利，老师没有直接给答案的权利。孔子讲的"不愤不启，不悱不发"也是这个道理。

那么，从传统教学过渡到建构主义教学，有什么好办法呢？我总结了三种方法：抽身、情境和提问。

第三章　建构主义，给人力量

① 抽身——老师要忘掉自己的身份

抽身就是老师要忘掉自己，把自己投掷在课堂上。传统教学对老师的假设是：老师既然能站在课堂上讲课，水平一定比学生高。于是老师的压力很大，学生提出一个问题，老师就很紧张，生怕当堂出丑。学生对老师讲授的知识有疑问，老师很容易变成某种观点的捍卫者，不断为自己辩护，往往是越辩护学生越逆反。

建构主义的课堂，老师更像一个主持人，主持学生的建构过程。所以，老师越能忘掉自己就越放得开，老师放开了，学生也会很放松。

任何课堂上，老师只要站上讲台，客观上就成了学生关注的焦点。老师紧张学生就紧张，老师放松学生就放松，老师的风格决定课堂的风格。如果老师忘掉自己，学生就能放得开。然而，要做到忘掉自己谈何容易，课堂上"自己"还是会不断跳出来，所以老师要不断提醒自己这件事。

> 老师紧张学生就紧张，老师放松学生就放松，老师的风格决定课堂的风格。

什么时候老师应特别提醒自己忘掉自己呢？就是当学生提出挑战，争论很激烈的时候。老师发现自己在捍卫某种观点，立场过于鲜明的时候，就要提醒自己抽身。假如课堂上有学生说："田校长，我的理解跟你截然相反。"我该怎么办？我一点都不急，我会让学生分享他的观点。凡事都要从多角度思考，学生的观点与我越对立，越有利于全班学生进行意义协商和建构。课堂上遇到挑战时，我的惯用话术是："真理的反面不一定是谬误，还可能是更深层面的真理。"

对于课堂的建构，任何理解都是学生结合自己现有的信念系统和经验建构的，每个学生都有自己的建构成果，不必强求一致。《道德经》中说："吾所以有大患者，为吾有身，及吾无身，吾有何患？"老师之所以在课堂上焦虑，也是因为记得自己，经常把要讲的内容和自己混在一起，所以一旦有人提出反对意见，老师立刻会为自己辩驳，以证明自己。老师一急，学生反倒更不信老师讲的内容了，如果老师忘了自己，还有什么好害怕的？

我觉得建构主义和老子无为而治的思想如出一辙，用他的一段话来形容建构主义课堂上老师的作用很恰当。他说："太上，不知有之。其次，亲而誉之。其次，畏之。其次，侮之。信不足焉，有不信焉。悠兮其贵言，功成事遂，百姓皆谓：我自然。"我把他的意思迁移在课程上，就是说：顶级水平的老师可以做到"太上，不知有之"。学生们感觉收获非常大，但如果问他们老师是谁，他们已经忘了，不知道有过老师。如果学生们说老师讲得实在是太好了，实际上已经把老师放在第二档上了，叫作"其次，亲而誉之"。"其次，畏之"，就是学生说："赶紧坐好了，老师来了，老师来了。"于是大家立刻正襟危坐，因为害怕老师，这就是"畏之"。还有更差的，就是"其次，侮之"。欺侮学生，误人子弟，说的就是第四等的老师。

"信不足焉，有不信焉。"为什么学生不信老师所讲的呢？因为老师所讲的不足以取信于学生，学生没有经过"折腾"，觉得那些知识还不是自己的，还不足以相信。那老师怎么让学生彻底相信呢？老子给出了解决方案："悠兮其贵言。"老师在课堂上少说话，让学生们自己研讨、建构，最后学生自己想明白了，就会说："这些知识是我思考的结果，我本来就这么想的。"这个境界叫作："功成事遂，百姓皆谓：我自然。"所以，水平越高的老师话越少，水平越低的老师越喜欢喋喋不休。因此，选择建构主义的老师，第一个心法是：忘掉自己是老师，记住自己只是一个司仪。

② 情境——只给情境，无须答案

建构主义重视给学生一个情境，激发学生去探索，让学生从情境探索中悟出某种道理，而不是直接给学生答案。用友大学在中高端领导力的培养上多半采用情境式讨论，而不是直接讲技能。经理

第三章 建构主义，给人力量

人一旦到了中高级，选育用留、教练技术、绩效面谈、激励表扬之类的课程基本都听过了，还怎么提升领导力呢？

举一个我们培养后备总经理的案例。用友集团每年都有后备总经理班，就是从基层经理中选拔优秀的人员培养成为后备总经理，他们当中每年都有人成为省区或地区总经理，接管一个分公司。对这些人怎么培养？曾经争议很大，有人主张要外请名师，有人主张要请副总裁级的人授课。2010年起我力主案例研讨式学习，什么外部课程都不需要，领导授课也不需要。我们三天的课程加起来的PPT不超过二十页，培训的效果却出奇地好。我们不给学生讲任何知识，只是在教室后面架上摄像头，好几个部门领导坐在后排观察，把二十八个学生分为四组，全程录像，告诉他们领导在作选派决策的时候可能会调取课堂视频。

第一天早上的议程很简单，一页PPT给一个场景：假如今天你去某分公司就任总经理，给你十分钟时间做一下就职演讲，谈谈你的设想，要把公司带到什么程度，给员工一个跟你拼命干的理由。假设其他学生都是你的员工，他们要给你的演讲打分。所有人都完成就职演讲之后，一个早上就过去了。

下午讲平衡关系，给了四个场景。比如，销售和服务矛盾。销售签了一个三百万元的合同，服务经理来找你说这是一个老客户，他们签单时送了客户一年的服务费，所以应该从三百万元中划拨给服务部三十万元作为服务费，乍听起来还很合理。你就把销售经理叫来，岂料销售经理一听就拍桌子了："他还好意思要服务费？本来这个单子能签五百万元，就因为售后服务不好才签了三百万元，我少签了两百万元还

103

想找他要呢！"矛盾出来了，你作为总经理断一下这个官司。其他还有卖新产品和卖老产品的矛盾、财务和业务的矛盾、市场和销售的矛盾等，大家一起讨论汇报，没有标准答案。

第二天上午是讲管人。第一，有一个德高望重的技术专家是民意领袖，你刚接任总经理，他领着一小撮人给你难堪，你该怎么办？第二，刚提拔的销售总监是去年销售一部的经理，他被提升后销售二部的经理就一直不在状态，你作为总经理应该怎么跟销售二部经理沟通？诸如此类的问题，也没有标准答案，大家课堂讨论。

第二天下午讲的是四个执行力的案例，第三天讲的是区域布局策略。接连三天，下课了学生都还在讨论。

最后，全部课程结束的时候给每人发了六本书，告诉他们这三天讨论的问题在这些书中都能找到参考答案，回去自学吧。

次年的四月，那个班上的某个学生已经成为某省区分公司的总经理，来总部开会，见到我感慨道："我来用友十几年了，各种培训不记得参加过多少场，唯独那场培训我终生难忘。"我说："就是一些讨论而已，怎么给你留下那么深刻的印象呢？"他说："田校长，不瞒你讲，没当总经理之前，我净想着总经理是多么威风，有权力、有地位。压根儿没想总经理还要面对这么一大堆琐事，要断这么多官司。那次培训相当于把一个总经理要面对的场景提前三个月让我全面体验了一下。今年上任虽说就一个季度，但我根本没感觉到自己是一个新手，反而更像一个老手。后来我把发的那六本书全都看了，对管理的理解有了升华，感觉收获很大。"

这就是一个典型的建构主义教学实践，让学生研讨比直接教给他们知识管用。建构主义教学可以是只给情境，不给答案。

③ 提问——启发学生思考

建构主义课堂的第三大法宝是要多提问、会提问，因为提问能够促使学生思考，帮助学生建构。有四大类职业的从业者都应该是提问高手：咨询师、记者、律师、教师。大家都知道管理学泰斗彼得·德鲁克是现代管理学之父，他有著名的三问：你的事业是什么？你的客户是谁？你为他提供了怎样的产品和服务？

据说当年杰克·韦尔奇请彼得·德鲁克做咨询，彼得·德鲁克的身价很高，即便 GE 这样的公司仍觉得很贵。彼得·德鲁克对杰克·韦尔奇说："正式开始之前，你必须回答我三个问题。"杰克·韦尔奇想赶紧把这三个问题给糊弄过去，结果发现这三个问题越问越深，一天都搞不明白。因为不管杰克·韦尔奇怎么回答，彼得·德鲁克都问："真是这样的吗？"

其实，大多时候是高质量的问题帮助学生自己想明白的，学生自己想明白的当然就会行动更积极。杰克·韦尔奇坚持了二十年的"数一数二"战略的出炉，据说就是典型的建构主义案例。杰克·韦尔奇问彼得·德鲁克："我现在有一个塑胶厂，它在业界市场占有率排名是第五或第六，经营团队对未来很有信心，你说我应该追加投资还是把它卖掉？"如果你是彼得·德鲁克，你该怎么回答？你没办法给他答案，因为你不知道他为什么问这个问题，你给出什么答案他都可能挑战你，因为他没有想明白。彼得·德鲁克思考了一会儿，反问了杰克·韦尔奇一个问题："假如社会上有这么一个塑胶厂，它的市场占有率排名第五或第六，经营

上接战略 下接绩效
——培训就该这样搞

班子还可以，它现在想卖给你，你买还是不买？"杰克·韦尔奇陷入思考，想了会儿说："GE现在是行业第一的企业，它现在只是第五或第六的水平，我不买。"彼得·德鲁克又问："我刚才的问题对你想明白前一个问题有没有帮助？"杰克·韦尔奇陷入了沉思，想了一会儿，一拍大腿说："我要卖掉那个塑胶厂。"于是，"要么数一数二，要么就卖掉"的伟大战略就出炉了。

建构主义就是这么神奇，恐怕连彼得·德鲁克自己都没料到，这次咨询会产生这么神奇的效果。作为咨询师的彼得·德鲁克并不是高高在上地给客户答案，而是循循善诱地启发客户思考，通过问题和互动帮杰克·韦尔奇完成了一次认知的重构。

> 好的情境能够造成学生的认知不和谐，好的提问能够促进学生反思，学习的效果就从认知不和谐中产生。

好的情境能够造成学生的认知不和谐，好的提问能够促进学生反思，学习的效果就从认知不和谐中产生。什么叫认知不和谐？举例来说，大家进教室之前就会想象教室应该是什么样的：桌子摆放整齐，投影仪开好了，黑板布置停当……结果你推开教室门，发现桌椅板凳横七竖八乱摆，黑板还没擦……看到的景象和你心目中的景象大不相同，于是你就产生了认知不和谐，精神就会焦虑，因为你解释不了当下的景象，心里充满疑惑。只有解开这些谜团，你才能心里踏实，重新走向和谐。

在学习的过程中往往要制造认知不和谐，然后提出疑问，引发学生反思，让学生找到合理的解释，找到新的和谐，完成一次新知的建构。

在建构主义课堂上要创造适度的认知不和谐。当你看到一个东西跟你心中的格式塔不一样的时候，你就会产生认知不和谐。认知不和谐会造成焦虑，焦虑会催促你思考，使你主动和同学们进行意义协商，从而促进建构。

今天，建构主义的思想在中国并没有被普遍接受，推行建构主义有一定难度。比如有学生会质疑讲师："敢情我花钱请你来，你什么也不讲，就变着法折腾我们？"还有人认为这样上课水分太大，越是传统的企业越不容易接受建构主义。反过来，学生一旦接受了建构主义，传统的宣教式的课，不让他参与其中，他会觉得很难受。用友大学坚定走建构主义的道路，这是一个高起点的选择，还需要积极地探索和实践。

五、建构主义思想精髓与灵活运用

关于建构主义我写过不少文字，在《讲法：从说教到赋能》中就详细地论述了建构主义的核心主张，在《上接战略下接绩效：培训落地新方法》中又做过更详细的论述。行文至此，我问自己：对建构主义还有哪些增量建构？有哪些更新的理解和更透彻的洞察可以分享给读者？问完后，我的潜意识里马上冒出来特别重要的三点。

① 教学的关键是创造性对话

人在学习过程中有两次创造，第一次创造是我们把新的知识和自己的旧知经验结合后形成个人版本的理解，第二次创造是我们根据自己的工作实际需要，把个人版本的理解与实际工作情境相结合，进行适应性的改造和创造性的发挥，形成具有个人特色的应用。第一次是认知的再创造，成果是形成"个人版本的理解"；第二次是应用层面的再创造，成果是"个性化的应用"。如果不能用知识解决实际问题，不能用知识创造价值，那么就不算是学会了知识。

再次强调，教学不是简单的知识搬家，不是把知识当作"快递"送给学生就万事大吉了。真正的难点是帮助学生完成两次创造。如果学习过程中缺少了这两次创造过程，基本上可以判断是无效教学。教学设计的重点是学生对知识的消化和吸收。教学效果不佳的原因多半出在老师只传授知识，而没有帮助学生做转化。

苏联教育学家苏霍姆林斯基说：好的课堂要让师生全过程处在创造性脑力劳动状态下。学生只有处在创造性脑力劳动状态下，才有理由相信他们学习的不是死知识，而是活思维。建构主义认为知识是学生基于自己已有的知识和经验的主观建构。帮助学生形成个人版本的理解的关键是让教学在对话中进行，促进师生对话、生生对话，要用好课堂的社会属性。好的课堂上，师生之间犹如拍花巴掌，"你拍一，我拍一"地交互进行。任何不交互的社会活动，时间久了都会让参与者感觉到索然无趣，传统教学的弊病就在这里。学生形成个人版本的理解的过程中，急需印证和解惑。用有效的组织方式让学生把个人版本的理解拿来相互交换，在交换过程中相互启发、修正和解惑，然后再进行迭代。只要师生全程处于创造性脑力劳动状态下，彼此必然有所收获，即所谓：点滴收获都是自己折腾的结果。

如果老师的灌输贯穿教学全过程，老师固然轻松，课堂上不会有任何挑战，那也就意味着无须做出任何改变；学生全程处于被动应付状态，大脑不会处于创造性脑力劳动状态，建构如何进行？学习何以发生？我经常说，吃牛肉、吃鸡肉，最终都要长成自己的肉。勤于思考就是对知识的消化，最终要发展出能用自己语言表达的理解和根据现实情境灵活变通的应用。宋儒张载说："吾学既得于心，则修其辞；命辞无差，然后断事；断事无失，吾乃沛然。"所谓"修其辞"就是用自己的语言表达，是形成个人版本的理解的建构过程，所谓"断事"

就是在实践中进行检验的过程，是变通应用的创造过程。

② 善留白的是高手

用建构主义观点看，老师喋喋不休地讲，并不利于学生的内在建构。课堂上，老师在每个时间点都要进行评估：此时此刻，继续讲还是让学生讨论、练习，哪个更有利于学习的发生？教学中最常见的问题是，越卖力教学效果反而越不好。这就好比病人有病，医生吃药；病人病得不轻，医生大把吃药。

我经常讲："把道理讲透很容易，善于留白的才是高手。"恰到好处地留白，给学生的自我对话留下空间；恰到好处地课堂讨论和练习，促进学生完成两次创造。只有留白，课堂上才能给学生留下参与的空间，学生的现场提问、即时分享都只能在你的留白下发生，这些才是你值得复盘的宝贵资源。

太满的课堂全程都是老师在用自己的意识脑工作，学生难以进入学习态。进入学习态的一个标志，就是能够运用意识和潜意识共同学习，而不仅仅只用意识学习。两次创造都需要学生的意识和潜意识进行充分对话。你仔细观察就能发现，很多领导讲话的语速都比较慢，停顿都比较多，为什么？第一，当然是给受众留下思考和消化的时间，以慢来表示内容的重要性，大家得仔细"咀嚼"才行；第二，就是给自己的潜意识留下反应的时间，因为说出去的每一句话、每一个词都可能引发不可预测的结果，所有的话都得想好了才能说。领导面对下属讲话和老师面对学生授课，其本质差不多，都是让对方"学到"。有的老师讲课，语速极快、内容极多，让学生应接不暇，这就是不懂得学习的原理，一味地蛮干。我就常说：你课讲得像"赶狼"，留给学生的只有心慌。

恰到好处地留白，也是给"神"留下空间。我们在生活中常常会有这种体验，一个灵感、一个顿悟突然在某个场景下被激发出来，连我们

109

自己都不知道它是怎么来的。这种感觉在我的课堂上高频地出现，犹如屡屡闪现的"神来之笔"。所谓的"神"，其实指的是潜意识的直觉反应。脑科学研究发现，一个人达到顿悟状态时，其大脑的多个区域会被激活。顿悟是一种知觉重组现象，大脑越放松、激活区域越多，越容易产生顿悟。因此，全部由意识接管的大脑很难产生顿悟，只有把潜意识参与的空间充分留出来，才有可能促成顿悟的迸发。说得通俗一点就是：你在讲课时没给"神"留下空间，何来"神来之笔"呢？

③ 永远与学生共同学习

课堂是师生互动研讨的社交场所。老师是站着的"学生"，学生是坐着的"老师"。不关乎老师和学生的身份，只关乎谁在学习态。谁在学习态谁就是学习者，谁处于创造性脑力劳动状态下，谁就能有所获得。课堂要双向赋能，老师给学生赋能，学生给老师赋能。组织学习理论的鼻祖、哈佛大学教授克里斯·阿吉里斯也曾说过："感谢我的学生，我从他们身上学到更多。"这句话绝对不是阿吉里斯的谦辞，而是真的如此。人是社会动物，需要在社会化场域里通过其他人的刺激来激活自己的大脑，大脑被激活得多，神经元之间的关联就会愈加丰富和紧密，这就是学习的第一性原理。

如果一个人能够数十年如一日地恰到好处地激活自己的大脑，让大脑长期处于激活态，那他在任何领域里都很容易成为专家。课堂正是这样一个能激活你的大脑的社会化场域。如果老师能带着学习态来讲课，在教学中能恰到好处地走出舒适区，充分激活大脑的高级机能，那么互动也好、提问也好、挑战也好、事故也好……课堂上发生的一切都能成为老师学习、成长的资源。所谓能量投注到哪里，你就能到哪里收获。你带着学习态去教学，课堂就不只是你奉献的场所，更是你学习的场所。

课堂上，老师在帮助学生建构其个人版本的理解和个性化的应

第三章 建构主义，给人力量

用的同时，自己同样进行着两次创造。第一次创造就是根据学生的背景创造性地备课，第二次创造就是在课堂上面对学生问题时的临场发挥。第一次创造是"编剧"的创造，第二次创造是"表演"的创造。我对自己的要求是，每堂课我学到的东西都要比我的学生多。课堂上的每一个参与者都是学习者，只不过是学习的方式不同而已：老师帮学生悟，学生帮老师修。学生更多地学知识，老师更多地把知识融会贯通。

回到学习的本质上，学习就是通过外界的刺激和反馈，引发内在的大脑活动，从而升级迭代原有的思维模式和反应模式。对老师而言，学生在课堂上的反应既是刺激，也是反馈，老师若据此进行创造性脑力劳动，收获一定不会少。

有的老师上了多年课之后逐渐有思维枯竭的感觉，想再去深造。这实际上是没有把课堂当成修行的道场。老师千万不能把工作和学习割裂开来，课堂是最好的学习场所。老师处在学习态，在教学中更加通透地去理解所授的内容，就能数十年如一日恰到好处地走出舒适区，成长为这个领域的专家。在互动性很强的课堂上，老师永远不会感觉思维枯竭，课会越上越丰富。老师建构学生思想的同时，学生也帮助老师建构了课程，案例变得越来越生动鲜活，内容也越来越丰富贴切。

教学是实践性极强的专业能力，再多的理论、再好的课程开发理念，不去上课也找不到感觉。有位自称"教育大咖"的人在朋友圈里得意地分享："我现在已经不用亲自讲课了，课程都交给弟子们讲了。"我看到后感慨地说："还没讲明白就不讲了。"为什么七八十岁的老医生还坚持给病人看病？为什么七八十岁的老教授还坚持给学生上课？我想不仅是他们拥有的情怀，更是他们自身持续精进的需要。正因如此，我每年依然坚持讲很多课，讲课不仅是学生的需要，更是我自己持续精进的需要。我喜欢上课，是因为我更喜欢课堂上的自己，而且很享受与同学们共同直面问题、一起探讨的感觉。

111

第四章

五星教学，让课堂更精彩

　　五星教学是建构主义教学思想落地的最佳工具，能够很轻松地把传统说教式课堂转变为问题探究式课堂，用机制保障教学在对话中进行，最大限度地降低学生学习过程中的认知负荷，提升参与度和体验感，使学生知其然也知其所以然，也使教学相长成为可能。如何把传统的授受式课程改造成五星教学模式？我总结了三句话：把课程大纲变成问题，把学习过程变成学生研讨，把老师要讲的内容变成学生点评。

第四章 五星教学，让课堂更精彩

一个很偶然的机缘让我结识了五星教学。有一次在当当网上搜索到盛群力老师和宋洵老师主编的《走近五星教学》，我一看内容与教学相关，加上盛群力老师关于教学设计的书我看过，就下单买了回来。我拿到书之后异常兴奋，几乎是一口气读完的，读后掩卷深思。比照我们前几年拍摄的多门精品课程，我发现我们的教学模式事实上就是五星教学模式。看录像、给场景、抛问题不就是聚焦问题吗？引发讨论不就是激活旧知吗？翻底牌不就是论证新知吗？角色扮演和多次演练不就是应用新知吗？

总之，看到这本书，我有一种强烈的一见如故的感觉，五星教学简直就是我们精品课程开发套路的总结。更让人兴奋的是，五星教学法是建构主义教学思想落地的最好工具，直到现在我都感觉是冥冥之中有一种力量让我结识了五星教学。

一、理论先行，实践才有根基

在了解五星教学法之前，我对加涅的教学事件设计做过很详细的研究，教育界前辈其实已经把教学步骤分解得非常细了，而且用了很多教学案例阐释。但在实际的教学过程中，很少有人使用，包括我自己，也做过用加涅教学九步法的努力，但最后还是因为步骤稍显烦琐，便没有使用。我作为专业人员，尚且觉得烦琐，要在整个组织中推广就更难了。

我本人深信简单才能复制的道理，所以在用友大学推广的任何学习方式，都力求做到简单、有效、可复制。简单就是人要能学得会，简单了大家才会有兴趣学；有效就是要在实践中有用，有用了大家才会持续用；做到简单和有效，就具备了基本的复制能力。在组织中能够广泛复制的东西才能发挥最大的效用，才能够为组织带来价值。再有价值的理论，不能做到简单、有效、可复制，在我看来，只能帮助人们理解知识的深度，却不能付诸应用。而学习的根本目的在于应用，加涅的教学九步法在其产生的那个年代影响深远，意义重大，但在教学中大面积推广、实践仍有一定的困难。

> 在用友大学推广的任何学习方式，都力求做到简单、有效、可复制。

① 加涅的主张稍显烦琐

教学设计大师加涅集几十年研究与实践经验，提出了"九大教学事件"。他试图将学习者学习的内部过程和教育者的外部教学活动匹配起来，每个教学事件都和学生接受新知的意识思维过程相匹配，"九大教学事件"和学生接受知识的五大过程——感知、联想、评估、决策、反应，协调一致。"九大教学事件"具体如下：

引起学生注意；

交代教学目标；

复习相关旧知；

呈现新课内容；

提供学习指导；

引发行为表现；

给予信息反馈；

评估行为表现；

强化保持与迁移。

这九步又可以分为三个阶段。首先是教学启动阶段，包括引起学生注意、交代教学目标、复习相关旧知。这个阶段是为了给新知的粉墨登场铺上红地毯，让学生处于开放接纳的状态。其次是教学开展阶段，包括呈现新课内容、提供学习指导、引发行为表现、给予信息反馈、评估行为表现，以上是教学的核心环节。这个片段是为了便于学生掌握新知内容。最后是教学结束阶段，就是强化保持与迁移。这个阶段是帮助学生持续强化，保持和在工作中迁移应用课堂所学，是培训效果最直接的、终极的体现。

② 梅里尔的改进最实用

戴维·梅里尔博士是美国犹他州立大学教授、当代著名教学技术与设计理论家、教育心理学家。梅里尔既是以加涅为代表的第一代教学技术与设计理论的核心人物，又是第二代教学技术与设计理论公认的领军人物之一。他研究过十一种不同的教学步骤主张，提出了五星教学思想，把教学过程分为五大过程，蕴含了五大教学原理，分别是：

原理1：当学习者介入解决实际问题时，才能够促进学习；

原理2：当激活已有知识并将它作为新知识的基础时，才能够促进学习；

原理3：当新知识展示给学习者时，才能够促进学习；

原理4：当学习者应用新知识时，才能够促进学习；

原理5：当新知识与学习者的生活世界融为一体时，才能够促进学习。

下面对五星教学法进行介绍。

（1）聚焦问题（Problem-centered）

聚焦问题是以问题或任务为中心。在课上，无论老师讲得多么生动，学生都会问一个问题：老师所讲的内容对我的价值是什么？如果这个问题找不到答案，学生也许会开小差。课堂内容只有和学生息息相关时，他才会真正开始积极参与学习。如果老师所讲的内容和学生的兴趣相差太远，就注定是一次失败的教学。聚焦问题是一个很重要的原则，包含以下三个推论（见图4-1）。

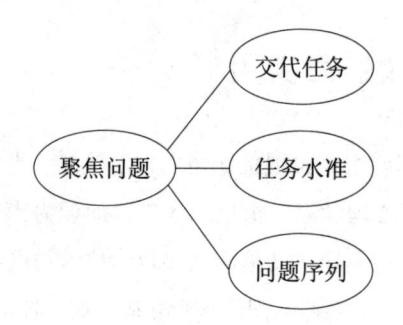

图4-1 聚焦问题的三个推论

推论1: 交代任务（Show task），学习者清楚学习后能够获得什么具体能力，才能促进学习者投入学习。

推论2: 任务水准（Task level），当学习者能够结合实际问题或任务学习，而不仅仅是听讲时，学习才能得到促进。

推论3: 问题序列（Problem progression），学习过程循序渐进，先易后难，渐次进行时，才能够促进学习。

（2）激活旧知（Activation）

激活旧知指当学生吸收新知时，相关的旧经验被激活，学习才能够得到促进。人们总是用以往的信念、知识和经验来解释世界，掌握新知就是把新知转化成旧知的过程，这就需要学生具备消化新知的"酶"，激活旧知就是激活消化新知的"酶"。与之相关的几个推论有（见图4-2）：

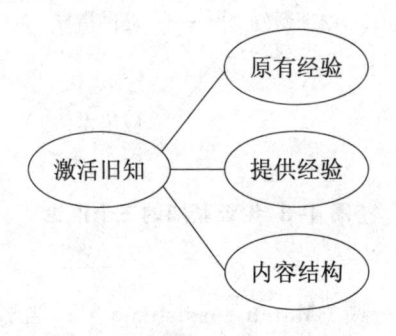

图 4-2　激活旧知的三个推论

推论1: 原有经验（Previous experience），当引导学习者依据相关的原有经验，回忆、联系、描述或应用知识，并将其作为新知识的基础时，才能促进学习。

推论2: 提供经验（New experience），当向学习者提供作为新知识基础的相关经验时，才能促进学习。

推论3: 内容结构（Structure），当引导或鼓励学习者回忆用来组织新知识的结构时，才能促进学习。

（3）论证新知（Demonstration）

论证新知指在教学过程中，展示、论证要学习的新知，而不仅仅是告知时，学习才能够得到促进。新知的引入可能会引起学生的认知不和谐，即和以前的旧知相矛盾，学生会因此产生焦虑情绪。学生往往希望能用旧知来论证或解释课堂所授的新知，讲师能帮助其建立新知和旧知的联系，帮助其理解，并从认知不和谐到认知和谐。学生只有自己真正想明白了才会接受新知。相关推论有三个（见图4-3）。

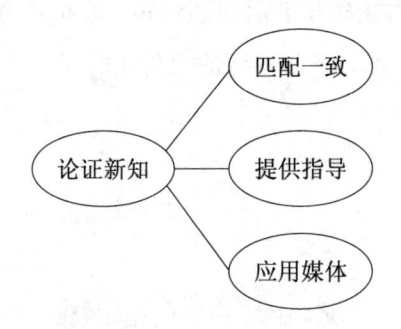

图4-3 论证新知的三个推论

推论1：匹配一致（Match consistency），当教学展示论证与学习目标相一致时，才能够促进学生学习。具体包括：

提供概念的正例和反例；

展示程序的递进逻辑；

尽量直观形象地提示"过程"；

示范行为样式。

推论2：提供指导（Learner guidance），当向学习者提供适当的学习指导时，才能促进学生学习。具体包括：

引导正确方向；

采用多种呈现表征的手段；

对不同的展示论证过程给予明确比较。

推论3：应用媒体（Relevant media），恰当使用媒体帮助学生得到某种直接体验，又不会干扰学生正确理解时，才能够促进学生学习。

（4）应用新知（Application）

应用新知指要求学习者运用知识或技能解决问题时，才能够促进学习。实践是检验真理的唯一标准，新知即便得到充分论证，学生也要通过实践验证了才会真信，再好的知识，如果验证无效，哪怕是因为自己没有掌握好造成的无效，学生也会摈弃。当然，如果学生验证有效，从而加速强化，激励其积极使用，验证便会具有加速效应。

讲师需要给学生恰当的反馈和指导，以便其正确验证。"学"和"习"的脱节是当前教育的通病，比如一些技能类知识，讲师一定要引领学生反复练习，甚至在课堂上就能有效迁移，解决不同的变式问题，学生才会真正在工作生活中应用新知。相关推论有三个（见图4-4）。

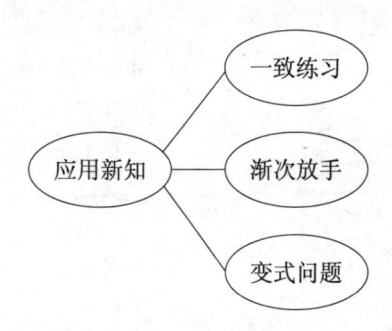

图4-4 应用新知的三个推论

推论1：一致练习（Practice consistency），当学习者应用新知的效果与课程目标一致时，才能促进学习。

推论2：渐次放手（Diminishing coaching），当学习者在解决问题时得到恰当的反馈和指导，包括错误核查与纠正并逐渐减少指导时，才能促进学习。

推论3：变式问题（Varied problems），当要求学习者解决一组不同的变式问题时，学习才能够得到促进。

(5)融会贯通（Integration）

所谓融会贯通，指当学习者能够将新知融会贯通到日常生活中的时候，学习才能够得到促进。如果学生做到融会贯通，新知就会转化为旧知，成为其信念系统的一部分，在工作生活中他就能够下意识地运用，达到隐形记忆的状态。学生见到某种情境后自觉自动地运用某个知识，说明其已经达到融会贯通的境界。

学生达到融会贯通的境界时，便能够运用所学进行探索、发明、创造。在世界加速变化的今天，我们只能学习别人的今天和昨天，高级的学习还要超越，所以，未来的学习一定是边学习、边创新、边发展、边应用。相关推论有以下三个（见图4-5）。

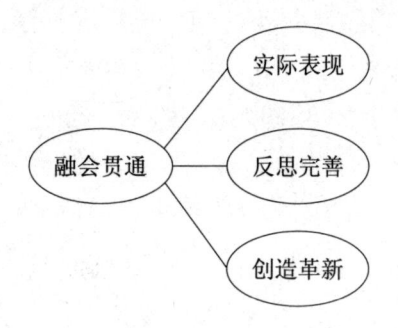

图 4-5 融会贯通的三个推论

推论1: 实际表现（Watch me），当学生有机会实践展示其所学知识技能时，才能够促进学习。

推论2: 反思完善（Reflection），当学生对所学的知识技能进行质疑、反思和辨析时，才能促进学习。

推论3: 创造革新（Creation），当学生能够运用所学进行创造发明和探索新事物时，才能促进学习。

二、五星教学与认知规律契合

我一向认为,一个真正有生命力的理论,一定是揭示了某种普遍规律的。有效教学框架里的每一个环节都必然与人类的认知规律暗中契合。

① 根据人的认知特点设计教学过程

教学是一个相互的过程,教学设计最忌讳闭门造车,最好的课程评审者是学生,最佳的课程评审标准是学生参与的比例。从建构主义的观点看,我们不能期待所有学生上完同一堂课的收获一样,因为每个学生的基础不一样,但要努力争取让所有学生思考,思考了才会有所得。每个学生借助课堂建构自己的认知,老师和其他同学都是帮助学生建构认知的镜子。一种教学方法是否科学合理、一门课程的设计是否科学合理,一定要从学生的角度进行剖析,对五星教学的过程进行剖析也是如此。

第一,对学生来讲,需要一个参与学习的理由,学生会问:"我为什么要学这个?"面向问题或任务的学习,就是给学生一个场景,在场景中暴露出问题,这个问题又是学生所关心的,这就达到了吸引学生参与的目的。用学生的话来说就是"吸引我投入(Attract me)"。

第二,学生的兴趣被激发了,但学生会产生一种担心:老师要讲的新知是哪个方面的?我有没有相关体验?会不会很难?激活旧知就是要引导学生把大脑中跟新知有关的旧知从长期记忆中提取出来,作为消化新知的"酶"。这就是学生说的"引导我入门(Lead me)"。

第三,新知不能跟旧知严重冲突,人的大脑只能接受一种解释,两种完全不同的解释就会让人焦虑。学生会这样想:难道真是这样

的吗？你能否证明给我看呢？老师要用学生已经掌握的旧知来论证或解释新知，说明新知

> 人的大脑只能接受一种解释，两种完全不同的解释就会让人焦虑。

不过是对旧知的归纳、延伸和补充。学生的感受就会是"老师教会我理解（Show me）"。

第四，理解了新知的道理，学生又会问："这有效果吗？"学习的价值在于应用，学生的兴趣会转移到试用新知，看其效果如何。因为学生不一定真的掌握了新知，所以试用新知的时候需要老师辅导，这时候学生的诉求是"辅导我操练（Coach me）"。这个过程通常要反复练习，直到学生熟练应用。

第五，学生应用新知有了明显的效果，受到鼓舞，会思考新知还可以在工作、生活中的哪些环节应用，甚至会思考如何结合自己的实际进行创新和改造。这时学生的诉求是"看我怎么运用（Watch me）"。最后得到满意的结果，达到"我能胜任，我能赢（I can, I win）"的境界。

五星教学是完全按照人类认知过程的几个关键节点进行的教学组织，把教学环节和学生的思维环节做了非常好的糅合，教学的过程就是和学生互动的过程，教学设计的核心任务是根据学生接受新事物的思维过程设计恰当的教学活动。

② 交替调动学生的左右脑

除五星教学法外，我还很推崇美国"自然学习"创始人、美国学习有限公司总裁伯尼斯·麦卡锡博士提出的自然教学法则。她根据学生学习过程中的四大典型过程，把学习过程分为四个部分，每个部分又有两个关键点，更重要的是她还总结出在每个关键点，学生是用左脑还是用右脑参与学习的（见图4-6）。

第四章　五星教学，让课堂更精彩

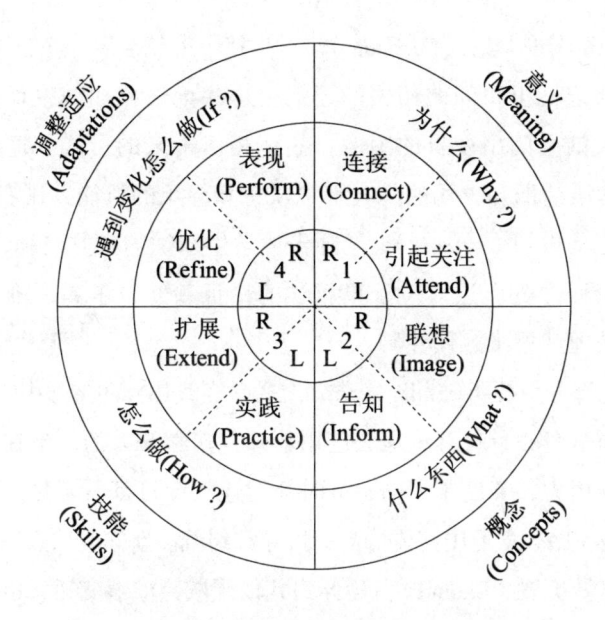

图 4-6　学生学习过程中的四大典型过程

　　首先看外圈，四部分包含意义（Meaning）、概念（Concepts）、技能（Skills）、调整适应（Adaptations）。学习先要解决意义的问题：学生为什么学（Why）？再告诉学生概念：是什么东西（What）？接下来是技能：具体该怎么做（How）？最后还要解决调整适应的问题：现实应用中遇到变化怎么办（If）？

　　里圈的八个关键点跟五星教学的五个步骤是对应关系。第一部分是意义（Meaning），首先是连接（Connect），就是说先要给学生一个跟其工作生活息息相关的场景，可以是案例、视频等。既然是场景，学生一定是用右脑接收，因为右脑偏感性，会闪现场景的图像。紧接着是引起关注（Attend），通常在场景后面跟一个问题："如果你是场景中的主人翁，你将怎么办？"一个问题就让学生从右脑切换到左脑，因为"为什么"需要理性思考。这两个关键点对应的是五星教学的聚焦问题，聚焦问题就是先给学生一个切实的场景，让学生移情（以为自己是场景的主角），再问学生该怎么办或为什么之类的问题。

125

第二部分是概念（Concepts）。学生接下来就会展开联想（Image），激活长期记忆里跟问题相关的记忆，这些记忆栩栩如生地被调动，学生的大脑会闪出往日的图像，甚至相信未来的可能。这对应五星教学里的激活旧知，用的是大脑中联想和想象的机能，用右脑。

接着是告知（Inform），老师告诉学生知识的来龙去脉，如解释、推理、论证之类。这对应五星教学的论证新知，解释、推理、论证全部都是理性思维，用左脑。

第三部分是技能（Skills）。告知之后是实践（Practice），用的是左脑，学生必须全身心、有意识地去应用新知。初学开车的人坐在驾驶席上都是全副精力、高度紧张的，有时甚至连红绿灯都看不见，这个过程使用的是左脑，学习中需要恰当的指导和纠偏。新知应用熟练了之后，学生可以做扩展（Extend），延伸到其他领域，能够变通，也就是古人说的举一反三。举一反三需要的伸展、联想，使用的是右脑。

第四部分是调整适应（Adaptations）。学生用了一段时间，能够对所学知识进行有意识的优化（Refine），使其更加适应自己的习惯，更加适应自己应用的环境。这个过程是有意识地改造，使用的是左脑。最后是表现（Perform），学生将知识内化成习惯，自然外显在行为上，不再需要刻意使用，而是下意识地信手拈来，使用的是右脑。扩展、优化、表现这三个关键点对应着五星教学的融会贯通。

麦卡锡的自然教学法则与五星教学简直是相得益彰，更重要的是，它还把教学过程中学生左右脑的参与情况做了分析，既便于我们理解五星教学，又能在五星教学的基础上进行升华。但从"简单、有效、可复制"的角度看，我本人还是更喜欢五星教学，图4-6的贡献在于对五星教学过程中的左右脑活动做了有益的补充。

三、"五星"课堂如何设计

开发课程并不是写一个PPT那么简单,现在很多课程都达不到五星级的要求。不少课程通常都是知识的堆积,每页PPT都有大量的信息要给学生讲授,成了典型的认知主义授受风格。把传统的说教式课程变成五星教学式的课程,就要老师们和自己多年养成的授受式习惯抗争。

① 三句话教你从"说教"到"五星"

> 五星教学法是贯彻建构主义教学思想最好的手段。

五星教学法是贯彻建构主义教学思想最好的手段。当接受建构主义教学思想和五星教学法之后,我意识到曾经引以为荣的很多课程都变得无趣了,自己都不喜欢了。传统的教学方法怎么改造成五星教学法是一个值得探讨的话题,我在这方面做了一些探索。我经常在课堂上问这样一系列问题。

老师:假如时间不允许,五星教学的要求里你必须删掉一个,你会删掉哪个?

学生:融会贯通,因为这一点不好在课堂上体现,需要学生课后慢慢做。

老师:假如时间还是不允许,五星只能剩三星,你还要删掉一个,你会删掉哪一个?

学生:验证新知,这一点不在课堂上练习了。

老师:如果还要删掉一个呢?

上接战略　下接绩效
——培训就该这样搞

学　生：只能删除激活旧知了。

老　师：如果还要删去一个呢？

学　生：那就只能删掉聚焦问题，直接论证新知。

老　师：只剩下论证新知就还原成了传统的授受式教学。

根据上面的问话过程，我们不难发现，在传统授受式教学的基础上加点东西就能逼近五星教学。比如给要讲的内容加一个问题，让学生先聚焦问题，自然能引发学生讨论，激活旧知，最后老师再把原来直接讲的新知呈现出来，立刻就有了五星教学的感觉。受此启发，我曾经这样要求用友大学全体专职讲师：我们没有资格直接教授学生新知，至少要做到给新知配一个问题，让学生讨论一会儿再教授新知。在不抛出问题的情况下教授学生新知，是蛮干的不懂教育的外行行为。如果学生没有经过消化，即使很有价值的东西对他来说也会变得没有用。知识要在学生的大脑里"折腾"一番才能成为学生自己的。很多道理我们很早就听老人们说过，只是当时没感觉，完全不以为然，直到自己经历了，撞过了南墙才幡然醒悟。折腾了，有切身体会了，才完成自我认识的建构。

如果原来的课程有一百页的PPT要讲解，假定这些内容全是新知，改造成五星教学，恐怕要加几十页问题，还要加一些应用新知的练习。通常情况下，老师总觉得上课的信息量不够，实际的问题恰恰是信息量太多。不管老师讲了多少，学生学会的才算数，老师讲得太多，学生消化不了，就完全变成了负担。

我总结了把传统课程改为五星教学的三句话：把课程大纲变为问题，把讲的过程变为学生互动，把原来要讲的内容变为点评。这样至少可以做到四星，再加上课堂练习，就达到了五星标准。

② 问题是最好的课程导航

了解了五星教学和传统教学的区别后，接下来有两个问题至关重要：一是为要讲的内容配置合适的问题，二是删去部分纯粹讲授的内容。

第一个问题看起来简单，实际操作的时候并不容易。难点在于问题要提得恰到好处，使引发学生讨论的点正好是老师要讲的内容。建构主义课堂应该是由问题串接起来的课堂，老师要用问题控制学生们思考的方向，继而引导学生们集体建构。初学者最容易犯的错误是为问问题而问问题，所问的问题和要讲的内容不完全一致，就会出现一个夹角。这个夹角很容易把学生的思路带偏，有时候课程开发者对此并不敏感，当课堂出现跑偏现象之后才发现此类问题。比方说我们的绩效课程中有一段老师要问："强制分布有什么优点？"而不问有什么优缺点。因为我们已经选择了强制分布，如果问优缺点，极有可能把大家的注意力引向缺点，继而把课堂演变成对强制分布的讨伐或者发牢骚，课堂就失控了。用问题控制建构方向是一个重要的原则，老师的目的是营造一个帮助学生想明白的社会环境。"怎么想"是每个学生自己的事情，"想什么"却是老师可以设计和控制的内容。

第二个问题涉及内容的取舍，尤其是大量信息输入的PPT需要删掉。如果这些内容实在很必要，那么让学生自己阅读、总结、汇报要点的方式比老师干巴巴地宣讲有效果。建构主义甚至把"信息"和"知识"做了区分，所谓信息就是一些客观事实，而知识则包含学生对信息的解读和理解，"识"是因人而异的。所以，学生不动一番脑筋，信息就不会变成知识，只输入信息是没用的。以信息输入为主的培训可以不用现场集中的方式，E-Learning和学生自学考试的形式都很好，但凡要集中上课的，一定是偏重态度和技能的培训。

有一次我评审一位老师开发的一门课程，看到很多叙述性的

PPT，就反馈说："这不是五星教学。"那位老师回答说："我就是按五星教学设计的，给每一个知识点都配备了相应的问题。"我问："问题在哪里？"他回答说："每页PPT的注释里都写了具体的讲法，老师备课时一看注释就知道应该问什么问题。"我反问他："这样能行吗？看上去似乎是可行的，可实际上效果并不一定好，因为这样就要求上课的老师要事先记住那些注释里的问题，而这些问题既然是提给学生的，为什么不能大大方方地专门做一页PPT呢？"

课堂是老师和学生合作的过程，传统课程设计只设计老师要讲的内容，很少考虑学生的反应和课堂互动，没有过程设计的学习是无效的学习。教学设计的核心就在于互动，要把学生互动的环节设计出来，并尽可能体现在PPT上，这样就用PPT牵引着老师和学生，强行按五星教学的过程进行授课。人类最聪明之举是善用规则来抑制自己的缺点，尤其是初学者，我甚至建议在设计阶段就给PPT贴上五星的标签，标注出每一页PPT具体属于哪个星级。

我个人的意见是，删去无关的信息输入式的内容，留下最重要的内容，每个单元都尽量做到五星教学，课程设计者可以用回答问题的方式来检验课程是否符合五星教学，比如可以常问以下几个问题：

> 教学内容是否有学生的实际问题？是否用情境方式呈现？
> 教学中是否有效激活学生已有的相关知识和经验？
> 是否有效论证了新知而不是简单告知？
> 学生是否练习和应用了刚刚学到的新知？
> 教学能否促进学生把所学新知迁移到工作或生活中去？

③ 让学生研讨与点评

教育的本质是让人们在概念中获得体验，从而加深对概念的理解。所谓体验，就是让学生行动起来，要有亲身经历的感觉；所谓概念，就是让学生深入思考，理解所授知识背后的原理。早期行为主义者的教育方法采用的是简单的刺激—反应理论，这种方法对培养需要下意识反应的、不用通过大脑皮层反应的动作技能，甚至部分智慧技能是很有效的。但大多时候我们需要大脑皮层作出反应，也就是意识要参与技能，在刺激和反应之间，意识有一个"感知—联想—评估—决策"的过程，五星教学就是要迎合意识的这四大过程。

《道德经》有言："孰能安以动之徐生，浊以静之徐清？"意思是说太活跃了就会浑浊，浑浊了又要使其安静下来。安静久了就要动一动，使其有生气。课堂何尝不是这样：学生刚上课时的心情是平和的，老师给出一个跟学生工作生活相关的场景，讨论一个棘手的问题，就起到了"安以动之徐生"的作用；学生们被激活了，纷纷在大脑中提取自己相关的经历、经验和看法，充分分享，相互补充、延伸，甚至提问质疑，促进反思借鉴，这就由"生"到"浊"了；老师引导学生进行梳理、分类、排序、归纳、评估，这一系列的动作可以称之为"浊以静之"；最后形成结论，大家达成相对一致的共识，回归清净。老师又开始一个新单元的循环。

一个讲师一旦养成了五星教学的习惯，就很难回到纯粹讲授的状态，即便他讲的内容是纯信息类的，也会临场提问以激发学生讨论。经过多年强化后，我现在上课已经形成了五星直觉，讲一段时间后就觉得自己浑身不自在，身体反应就会提醒我该做学生讨论或练习了。同时，我也很难耐下性子参与那种一言堂式的课堂，学习过程中不让我说话我会憋得很难受。

④ 五星教学演绎幸福课堂

2012年用友大学开发了一门精品课程"幸福在哪里",这门课跟《商业评论》合作搞了几期论坛,也在北京、上海、深圳等地做了分享。整个课程的设计严格采用了五星教学法,培训效果非常好。在此以第一单元"什么是幸福"为例进行说明。

聚焦问题:首先讲师给学生提出一些热点社会问题,比如预制菜、地沟油等让人沮丧的事件,引出有关幸福的讨论,主要目的是把学生的思维聚拢到"幸福"这一主题上。然后进行小组讨论,我们称为"幸福故事会":要求每个学生分享一个自己最幸福的时刻,并在小组内选出一个最精彩的故事进行分享。

激活旧知:学生们轮流分享自己的幸福故事,每组选出一个故事上讲台分享。有的学生说自己每天给父母打电话时很幸福;有学生说曾经挤地铁时一只胳膊在外面进不去,一个好心的朋友拉了他一把,让他一天都感觉很幸福;有人说见到儿子的进步感到幸福……

论证新知:老师问回忆幸福故事时大家能感受到幸福吗?老师要求各小组再次讨论刚才分享的幸福故事有什么共同特征,并试着总结一下。做一个小小的团队共创,黑板上列出几十条大家认为的特征:有价值、难忘、高兴、感觉好、有成就感、有归属感、快乐……

老师说列出来的特征太多了,大家能不能进行分类呀?在老师的引导下,几十条共创出来的特征被分为两类:一类是有意义,一类是有积极的情绪体验。于是老师得出本·沙哈尔的幸福公式:幸福=快乐+有意义。正式抛出新知,学生都感觉到确实如此，这个结论原本就是大家总结归类出来的。

应用新知：老师鼓励学生找出每个故事背后具体的意义是什么，有哪些快乐的情绪体验，是不是满足幸福公式。学生逐一验证。继而引导学生思考如何有意识地把不幸福的事情通过"赋予意义"或"寻求乐趣"的方式变得有幸福感。

融会贯通：最后用全班大讨论的形式拔高主题，让学生意识到幸福是主观感受，幸福是一种能力。对状态好、能力强的人而言，一切发生的事情都是礼物。关键在于自己如何持续调整状态，发展出"化烦恼为菩提"的"酶"。

四、五星教学需要大胆实践

五星教学看上去简单，实际在课堂上操作有难度，需要不断实践。教学本身实践性很强，讲师的能力中有不少是动作技能和智慧技能，更需要反复实践。用友大学从2011年起就反复实践五星教学，不仅在我们的课堂上，而且在课程开发过程中都用五星教学的标准要求自己。用友大学内部的课程评审会和师资交流会上，"拍砖"最主要的工具就是五星教学。下面分享一些五星教学的实践。

① 领导力培训贵在启发与反思

领导力培训是让很多企业大学头疼的事情，原因是领导们见多识广，该听的课都听过了，但是能力还需要提升。遇到这种情况应该怎么办？学习建构主义后我深刻地理解了其中的道理，无论领导们听了多少课，他们大脑中的领导力系统是否能建构起来才是问题的关键。

所以，我经常在领导力课堂上讲："做到中高阶的领导者，经过十多年的管理实践，什么事都经历过了，我要讲的所有内容大家都听过，那为什么还要讲课呢？在这个阶段讲课没有必要再给大家新的知识和理念，关键是要结合具体的案例综合运用，大家一起建构，互相吸取经验，共同探讨方法，对已有的管理理念从知到真知，从真知到行。"

既然知识都懂，经验都有，领导力的课堂就应该是基于情境，甚至是真实案例的研讨过程。学生们相互启发、深刻反思才是可贵之处。毫无疑问，五星教学的激活旧知、应用新知是领导力教学的重心。

据我了解，GE克劳顿维尔的领导力课堂全是解决实际问题的教学，而不是传授知识的教学。受此影响，我们把用友持续多年的后备总经理班的培训进行改造，新版课程中力求体现建构主义思想，使用五星教学。

> GE克劳顿维尔的领导力课堂全是解决实际问题的教学，而不是传授知识的教学。

② 销售员培训要实践

用友大学"策略销售"课程的设计思路接近以练代训。这门课程以案例贯穿始终，模拟了一个大项目销售过程中两个竞争对手之间的博弈，让学生在课堂上模拟竞标。我们把项目的对抗分为四个阶段，每个阶段都给出一个场景：由销售员制定销售策略，进行汇报，之后讲师点评；给学生新一轮的场景，学生应用上一轮讲师点评所输入的新知和自己讨论的新一轮的策略，再次汇报。依次类推，是一个典型的五星教学嵌套。

聚焦问题：甲方关键决策人的态度、反应及行动，竞争对手的动作等。因为模拟的项目很真实，又是现场对抗，很容易激起学生的斗志。

激活旧知：学生根据自己的经验制定项目销售策略、行动计划等。学生内部团队激烈讨论，参与者都分享自己的意见和建议，过程中进行意义协商，共同建构，最后达成小组共识。

论证新知：每个阶段讲师点评学生的策略，并讲授新知。新知分为九个问题，每个阶段讲师阐述该阶段常见的三个问题，新知逻辑性和实用性极强，学生马上就可以使用。甚至学生看到竞争对手的策略就能受到启发，感知到自己的策略优劣。

应用新知：与下一轮的聚焦问题融合在一起，讲师给出新的情境，提出新的任务（任务可以包含多个问题），学生根据自己的经验和老师论证新知时用的新知完成新一轮的策略制定。

融会贯通：经过两天的培训，最后模拟讲标，现场开标，公布结果。学生们对整个过程进行回顾性发言，在这个过程中相互补充和启发，力图融会贯通。

五、五星教学的融会贯通

结识五星教学的十多年来，我出版的多本与教学相关的专著中，五星教学都是绕不开的话题，可见五星教学对我的影响之深。在《上接战略下接绩效：培训落地新方法》及《让学习真正在课堂上发生》两本书中，都论述了我对五星教学思想精髓的提炼和在具体实践中的发展。而今再写五星教学，我依然有很多话想说。限于篇幅，再分享一些关于五星教学我最想说的话。

① 大胆在实践中发展

我把五星教学的思想精髓总结为五点：第一点，五星教学就是要用一套行之有效的教学框架，把传统课堂的说教模式转化为问题导向的师生探讨模式；第二点，用机制保障教学在对话中进行；第三点，最大限度地降低学生的认知负荷，提高吸收转化率；第四点，让学生知其然也知其所以然；第五点，使老师能够在教学中学习，真正达到教学相长的效果。关于这五点论述在《让学习真正在课堂上发生》一书中解释得最为详细。

深挖了五星教学的精髓要义后，反倒可以不拘泥于五星教学的外在形式，进行创造性地发挥。我在深度思考了五星教学的五大精髓之后，对自己提了一个问题：如果不用五星教学，可不可以用变通的方式达到同样的效果？经过一段长时间的摸索之后，我发展出一套"三浪教学法"，它更符合简单、有效、可复制的原则。不仅简单易行，也完全体现了五星教学的思想精髓，而且更容易在国内教学现状基础上进行推广。现在80%的课堂教学，我使用的都是三浪教学法。

三浪教学法就是把一个教学单元分成三段进行。

第一浪：老师讲解，目的是给学生输入知识。当然第一浪通常是老师先抛出问题，然后与学生们进行简单的互动，随即抛出课程的观点并加以论述。这跟传统的说教模式并没有太大的区别，所以更容易和国内的教学现状接轨。老师讲解的时间一般控制在30分钟到1小时之间。时间太长，学生的注意力就会不集中，有的学生就会跟不上节奏。学生注意力不集中的时候就是老师要换招的时候，这时就需要掀起第二浪。

第二浪：学生研讨，目的是帮学生进行转化。在第一浪老师讲解的过程中，学生在脑海里已经激活了很多旧知，也做了一些关联。

第四章　五星教学，让课堂更精彩

同样的信息输入，在不同的脑袋里可能引发完全不同的反应，形成不同版本的理解。第二浪就是不失时机地安排小组讨论，让学生们彼此交换个人版本的理解，这就是意义协商过程。每个人都会用自己的旧知经验跟新知"谈恋爱"，形成与个人旧知经验相关的个人版本的理解，再把关联个人版本的理解分享出去，与其他同学进行交换。以此激发学生更广泛地关联，启发学生更深刻地理解。

第三浪：师生讨论，目的是集体升华。学生研讨久了也会注意力不集中，所以研讨一阵，老师就要及时组织各组汇报，引导各组互评，最后由老师点评，这就是第三浪。老师可以借点评和回答问题的机会，把第一浪没有讲的内容讲出来。假如学生提的问题超出老师的准备范围，老师也可以现场引导全班同学进行公开而广泛的讨论。不同版本的建构碰撞会激发出更多的灵感，老师对课堂上涌现出来的这些灵感进行整合和拔高，就会使全班同学对知识理解的深度和应用的广度都有极大地拓展。老师也会从研讨中收获更多。

三浪教学法同样实现了问题导向的事实研讨式的课堂，依然保证了学习在对话中进行，最大限度地降低了学生的认知负荷，提升了学生的吸收转化率和学习体验，在研讨中转移了知识的所有权，使学生知其然并知其所以然，做到了教学相长。

戴维·梅里尔教授在他的《首要教学原理》中讲过自己的一段经历。他在读研究生的时候，大名鼎鼎的行为主义领军人物伯尔赫斯·弗雷德里克·斯金纳来他们学校演讲。在演讲后的问答环节，有一位同学问斯金纳："为什么你今天讲的内容和你某本书的主张有点相左？"斯金纳回答说："你觉得我会相信我曾经写过的所有东西吗？"梅里尔说斯金纳这句对话对他影响很大，让他认识到"心理学也只是一只桨和一只橡胶靴子"，教学框架不过是促进学生提升学习效率和效果的"桨和橡胶靴子"。有什么样的认识就会有什么样的行为，后来他在实践中综合了多个教学框架，才最终总结出了五星教学法。

梅里尔教授的这段经历给我很大的激励，让我不再迷信权威理论，而是在把握精神实质的基础上勇于实践，用教学效果检验理论的有效性，在实战中不断改进和发展赖以生存的"桨和橡胶靴子"。理论要指导实践，更要以实践为基础持续发展。我也是在实践中不断揣摩，最后才把握住了五星教学的精髓。

在把握五星教学精髓的基础上，我发展出了三浪教学法。它正是我在实践中发展出来既适应中国教学现状，又不违背认知规律，还简单易操作的教学框架。有很多老师被梅里尔教授的五星教学束缚住了手脚，不敢大胆地发展和改造，结果就是自己用不好，还说人家的理论不好用。我向来不迷信权威，大家看我的书也不要盲目迷信我的主张，我自己也走在持续迭代的路上，你也要勇于在实践中迭代发展。

② 问题导向无比重要

有位财税方面的专家，曾经担任多家上市企业的CFO，在资本运营和财税方面绝对权威。这位专家曾经助力多家企业成功上市，在业界知名度非常高。卸任名企CFO一职后，他成立了自己的咨询公司，特别想用自己的满腹学识和丰富经验帮助中小企业家更好地治理企业、运作资本。他把自认为很重要的知识和经验开发成课程，以自己的知名度和号召力招来不少学生，用传统的教学方式开办了学习班。让他感到意外的是，尽管他在课堂上讲得慷慨激昂、热血沸腾，但那些中小企业家和CFO学生却反馈说没有太大的收获。

他带着困惑找到了我。我说："你先把我当成你的学生，给我大概讲讲你的课程。"他打开PPT展示给我看，前十几页的PPT都是财税的基本概念和原则，他试图让学生从税务以及资本运营的角度思考企业的经营。他认为，这些基础的东西非常重要，学生的脑海里不建立基本概念框架的话，后面的课就是鸡同鸭讲，根本无法进行。他还说："我是一路摸索走过来的人，最明白基本理论和原则的重要性。"

第四章 五星教学，让课堂更精彩

讲完概念和原则后，我通过实操案例给学生讲我是如何运用这些财税理论和原则与税务机关谈判、与资本方沟通的。我很清楚我这套东西的价值，这些中小企业家学会之后都会有很大的收益。"

听完他的解释，我点点头说："我大概明白你的课程不能吸引这些学生的原因了。"他急问为什么，我说："你的课程是以你认为重要的知识为线索的，你认为这些理论和原则很基础、很重要，一上来就一腔热血地给学生讲，但他们没有感觉。为什么？因为他们对你的理论和原则并不感兴趣。学生来到你的课堂上，满脑子想的都是他们的企业在经营中遇到的真实问题，如果你讲的东西不能直接帮助他们解决现实问题，他们就没兴趣听了。没有人愿意放下与他们切身利益相关的现实问题，静下心来听你讲枯燥的财税理论和原则。"

教学就是这样有趣，越是满腹经纶、饱经沧桑的老师，越容易陷入自以为是、满腔热情的说教陷阱。有老师抱怨说："我恨不得把心掏出来给他们看，他们怎么还不好好听呢？"我说："你高高在上的指导姿态，很像他们父母训话的样子，新生代最不可接受的就是被教训。你课都还没讲，学生就先习惯性地把心门关上了。"

老师的舞台就在学生的心里，教学设计中比内容更重要的是学生的参与感。从老师的视角看，课程无非是知识的堆砌；但从学生的视角看，他们参加学习是期待自己有所改变的，是渴望能够解决现实问题的。我再次强调："不以学生改变为目的的教学都是耍流氓。学习不是娱乐消遣，而是智力投资，投资的目的是学以致用，解决现实问题。"尤其像企业家、CFO这样的学生，他们一定是带着现实问题来学习的。如果老师罔顾他们要解决现实问题的诉求，一味地介绍自认为重要的理论和原则，他们肯定是没有耐心听的。所以我对他说："给企业家、CFO这样的学生讲课，三句话谈不到如何帮他们挣钱，或者如何帮他们节约成本，他们一准儿就开小差了。"

这个世界从来都不是以领域知识为线索组织起来的，而是以实际问题为线索组织起来的。唯有真正融会贯通的专家，才敢于放下自己一肚子的知识和经验，与学生肩并肩地面对实际问题。五星教学恰是以实际问题为线索组织起来的教学，尤其符合成年人的学习习惯。

③ 转化才是硬道理

学习的目的在于应用。宋儒程颐说："今人不会读书。如读《论语》，未读时是此等人，读了后又只是此等人，便是不曾读。"读那么多书，为什么依然过不好这一生？原因就在于消化不良，吸收不好。五星教学是立足于转化的教学框架，我认为在转化上下多大的功夫都不为过。

五星教学的激活旧知、应用新知和融会贯通三个环节，都服务于学生学习过程中的两次转化。三浪教学法理解起来更简单直接，第一浪的老师讲授算是知识输入，第二浪的小组讨论或练习、第三浪的小组互评和全班讨论其实都是转化动作。所以，形式上是五星或三浪并不重要，重要的是教学中要安排足够的时间来促进学生对知识的转化。老师在教学设计中永远要在促进学生消化吸收和灵活运用上下功夫，学生也要积极主动地调动旧知经验、联系工作实际进行知识转化。老师还要用有效的手段把学生组织起来，让他们彼此促进知识转化。

三浪教学法看上去很简单，背后的原理却非常符合教学规律。第一浪老师主导的讲授过程时间不能太久，否则信息量会超出学生的消化吸收能力，再者学生会审美疲劳，必然出现注意力飘移。老师讲到一定程度就不能再讲下去了，越讲越边际效应递减，学生吸收率越低。

第二浪要换一种形式，让学生们互相讨论，一方面改变刺激源和反馈源，解决审美疲劳的问题，另一方面让学生们互相交换理解、观点甚至困惑，用这种方式彼此协助消化老师所授内容。

第三浪的升华又变换一种形式，用整合和拔高的方式让学生对知识理解的深度和应用的广度都有拓展。转化是永恒的教学重点和难点，学生唯有完成两次转化，知识才能创造价值。不能转化的知识只有一个作用，那就是茶余饭后的谈资。

第五章

行动学习，让培训成为一种工作方式

至今我仍然觉得在用友集团成功推广行动学习是我最引以为荣的事情。可以说，2009年年底的时候，用友集团一万多人，知道行动学习这个概念的人是极少数的，而到了2010年年底，没有参与过行动学习的人是极少数的。如今，用友集团已经把行动学习的方式普遍应用在培训课堂、工作会议、文化训导、业绩冲刺、业务规划等多个方面，已然形成一种文化。

第五章　行动学习，让培训成为一种工作方式

　　用友大学凭借精品课程开发，然后按序列进行规模轮训，算是做了个精彩亮相。但是，几门精品课程并不能代表组织能力提升的全部，比起王文京董事长"专业、系统、规模、持续"的要求还有很大的差距。作为校长，我应该以更加积极开放的态度，争取为组织作出更大的贡献，发挥用友大学更大的价值。在一个商业机构里，任何部门和个人都要靠价值生存。我坚信，世界是人心所向的世界，改变世界从改变内心做起，在我苦苦寻找下一步发力点的时候，一个来自外界的刺激使我感到极其兴奋……

一、行动学习在用友

　　用友作为 IBM 的合作伙伴，引进过 IBM 很多优秀的课程。2009年下半年，我们引进了 IBM 的"蓝色品位"课程。课间有一次吃饭的时候，IBM 的一位老师跟我说："我很惊讶，像用友这样资深的公司竟然不会头脑风暴。"他的话深深刺激了我，我当时也没客气，反驳道："我们有那么多会议，几乎天天都在头脑风暴，你怎么说我们不会头脑风暴呢？"他说："没有过程设计和具体规则的会议不叫头脑风暴。"

> 没有过程设计和具体规则的会议不叫头脑风暴。

然后他给我讲了行动学习在 GE、IBM 中如何具体实施的故事。说实话，这些故事我在用友大学成立之初就在书上看到过，但是不知道具体怎么操作，所以一直没实施。2009 年年底我开始痴迷行动学习，买了几十本行动学习的书，对不管是学院派还是实战派，不管是西方的实践还是国内的经验介绍都做了深入的了解。当时我就决定把行动学习的应用和推广作为 2010 年的重点工作之一。

① 培养内部催化师

万事开头难，要把全新的东西带给一个组织，借助外力非常必要。2010 年年初，我无比兴奋地认为行动学习是改造组织学习的法宝，是我让用友大学变得"不太一样"的发力点，开始摩拳擦掌地为用友导入行动学习做准备。

（1）初级催化师技巧

2010 年年初我们组织了一次行动学习的催化师培训。我当时抽调的是级别较高的优秀兼职讲师和重要部门的人力资源经理，一共有三十多人，基本上都是培训的爱好者或者业务精英，其中不乏副总裁、助理总裁和分公司总经理。虽然课程名称叫"初级催化师技巧"，但学生可都不算初级。三天的培训中我们初步掌握了团队列名、团队共创、头脑风暴等最基本的行动学习催化技巧，并学习了基本的行动学习过程设计方法，初步把部分优秀的内训师转化成内部催化师。

培训期间，我们迫不及待地探讨这种好的学习方式如何在全集团普及。管理大师彼得·德鲁克说："管理不在知，而在行。"其实行动学习说起来就是一层窗户纸，在中国知道行动学习的人也非常多，然而真正能够给组织带来绩效的不是知道，而是行动，是有效的推广应用。此外，我还在彼得·德鲁克先生的理论基础上补充一条：

第五章 行动学习，让培训成为一种工作方式

在外部世界飞速变化、人类智慧飞速发展的今天，光靠学习别人的成功经验是不够的，所有的成功经验只能说明过去的成功，只有创造性地发挥和适应性地改造，才能解决当前和未来的问题。所以我一贯主张，边学习边创新发展，只有这样才能够满足现在和未来的要求。

我暗自把 2010 年作为用友大学的行动学习元年。

催化师培训后的一两周，是用友集团全国人力资源经理年度工作大会，作为用友集团人力资源管理的领导者之一，我力主在大会上开展一次为期一天的行动学习体验。郭总支持了我的想法，于是把原本准备请外部做的培训替代为行动学习。

我们拟了六个题目：招聘、绩效、认证、薪酬、培养、保留。每个小组认领一个题目，研讨该领域遇到的问题与解决方法，之后六个小组分别汇报，其他小组可以补充、质疑等，每个小组都安插一到两个接受过催化师培训的人员。这次体验取得初步成功，所有学生都觉得很有收获，行动学习以其自身的优势赢得了用友集团很多人力资源经理的认可，这对推广行动学习来说很关键，全国多了很多合伙人。我们趁热打铁，干脆把用友集团部分人力资源经理培养成催化师。

（2）行动学习多试点

之后我们又在很多业务单元进行了行动学习试点：培训教育事业部的年度工作会议、移动应用业务的年度工作规划会议、全国销售经理业务会议、全国服务经理业务会议、部分分公司的半年冲刺会议等。通过十几个班的试点，用友集团有五六百人体验过行动学习，体验过的同人大多是总部或分公司部门经理级的人物。他们回到业务单元后都对行动学习做了积极的宣传，部分人甚至在自己的业务单元做了试点。我们的努力取得了初步成效，我从学生激动的眼神中解读到行动学习的价值，学生的反应大大激励了我，我准备抓住

机会采取更大胆的行动。

② 2010年夏令营一鸣惊人

经过半年的试点和准备，我们已经具备较强大的内部催化师队伍，一部分人对行动学习有所体验，初步具备了推广条件。我想，全面推广的时机已到，最佳的切入点莫过于一年一度的用友经理与专家夏令营。

（1）夏令营方案讨论

用友的经理与专家夏令营是集团级的传统项目，在用友已经有十多年的历史。每年7月的第二周周末，全国的分支机构及总部主要经理人和骨干专家都会聚集在一起，进行集体的主题学习及户外拓展，每年夏令营的主题都跟公司文化相关。有时候跟半年工作会议结合在一起。

用友大学成立后，会议的组织工作就由原来的人力资源部移交到用友大学。2010年夏令营在内蒙古包头举行，主题是"阳光经营，专业制胜"。我想如果能够在夏令营上采用行动学习的方式进行例行研讨，对行动学习的普及无疑会有极大的促进作用，于是我就把第一天例行的主题研讨会采用行动学习方式的想法写入建议方案。

在2010年5月的夏令营方案论证会上，王文京董事长和我就是否采用行动学习的方法展开了激烈的讨论。董事长认为行动学习的主题一般都是偏业务的实际问题，而且更注重做一个真实的项目，要有后期的行动计划和持续跟踪，而夏令营的主题是企业文化主题，旨在统一经理与专家团队思想，增强公司文化认同，相对务虚一点，采用行动学习的方式效果不一定好。我坚持认为，每年夏令营上都有例行研讨，研讨会的效率和效果都很一般，经常是大嗓门的人滔滔不

第五章 行动学习，让培训成为一种工作方式

绝，内向的人没机会表达，极端情况下干脆演变成领导训话。我向王总解释道："我们并不是一定要做行动学习，只是在传统的研讨环节借鉴个别行动学习的思想和方法以提高效率。"争论半天，王总勉强同意在夏令营上尝试部分采用行动学习的形式进行文化主题研讨。

在接下来的一个多月中，用友大学就夏令营上的行动学习推广做了精心的准备。参加夏令营的经理与专家有四百人之多，效仿部队建制，分为十个师，我们给每个师都配备了经过培训的催化师，前期经过培养的五六百位体验者中有资格参加夏令营的人有四十多位，被我们均匀地安排在各个师作为辅导员。我们对行动学习的过程做了严格规定，并对催化师做了专项培训，对所有的教室做了专门布置。

（2）夏令营中的行动学习

2010年7月10日，包头夏令营如期开营。第一天早上我在动员会上讲了GE、IBM等企业有如此复杂的业务，但韦尔奇、郭士纳等却能举重若轻地带领组织前行，很大程度上跟他们采用了行动学习这种能调动员工参与和激发员工潜能的学习和研讨方式有关。我的动员取得了积极的效果，加上参加前期试点体验的支持者们的私下宣传，所有营员对下午的行动学习产生了积极的期待。

下午，以师为单位在各自的教室进行研讨，催化师用团队列名和团队共创等形式进行探讨，过程中我在十个教室轮流巡查和支持。在催化师有规则的主持下，以往的大嗓门效应消失了，所有参与者都有均等的机会把自己的观点写在即时贴上，然后小组内讨论，筛选出能代表小组意见的若干条意见。然后是跨小组的团队共创，把不同小组的意见进行合并与补充，继而形成全师的意见和建议。其间不断穿插的是不同组员的观点澄清、补充和质疑，很激烈地碰撞，促成很多反思……历年来，大家都知道下午的研讨比较务虚，很多

人都有草草应付的想法。可本次夏令营这种情况大为改观，原计划下午五点半完成的研讨，到了晚上六点半还没有一个师愿意结束，食堂的晚饭都凉了，各教室的会议还在继续。行动学习以其自身魅力吸引了每一个人，激发了大家的参与热情，打开了大家建言献策的话匣子，以至于很多人没吃晚饭，匆匆啃几口干粮就赶赴晚上汇报的现场。

晚上各师抽签汇报研讨成果，十个师就同一主题做了充分的展示和汇报，报告无论是深度还是广度都明显比往年好。最后，王文京董事长总结说："没想到行动学习有这么大魅力，集团范围内要持续不断用好行动学习这种好方法。"

就这样，行动学习的种子成功地种在用友集团最有影响力的四百名经理与专家的心田。我不止一次说过，行动学习得到推广不仅是我的努力，更重要的是因为行动学习本身的威力和价值激发了广大用友人的兴趣。

（3）向全集团推广行动学习

2010年的夏令营结束了，但行动学习的理念和方法像蒲公英的种子一样，借助夏令营的风吹向了全国各地。更让人意想不到的是行动学习得到了王文京董事长更大的支持，他回到北京就给全集团发邮件指示：由用友大学牵头，在用友所有产品公司及分支机构进行与夏令营相同主题的行动学习。王总的这一指示改变了整个用友大学三季度的计划，用友大学专职讲师、内部培养的催化师，以及在夏令营上体验过行动学习的经理与专家，都成为推广普及行动学习的支持者。仅仅两个月时间，我们就完成了在全国110家机构推广行动学习的任务。一时间在内部网上，各地的行动学习报道如雨后春笋般涌现，随处可见"阳光经营，专业制胜专题行动学习"的横幅。那段时间尽管所有用友大学的人都非常繁忙，但每一个繁忙的身影都是嘴角挂着笑容的，

第五章　行动学习，让培训成为一种工作方式

莫大的成就感让我们忘却了旅途的劳顿。

由此我深深地感受到：如果能够强烈感受到自己工作的价值，员工就有极大可能加班加点、任劳任怨。相反，作为员工，最害怕的是没有成就感，找不到自己工作的意义和价值。任何人只要找到自己工作的意义和价值，同时用心体味过程中的愉悦，幸福感都会倍增！

> 如果能够强烈感受到自己工作的价值，员工就有极大可能加班加点、任劳任怨。

2010年的夏天是一个繁忙的夏天，用友集团就像一大片田地，在所有行动学习的推动者和支持者的努力耕耘下，一种全新的、更富有效率的学习和会议方式被普遍接受，甚至逐渐改变了很多业务单元领导一言堂的传统。

（4）行动学习助推业绩

第四季度是用友例行的业务旺季，也是全年业绩冲刺季度。尝到行动学习甜头的很多分公司总经理，都主动邀请用友大学派催化师去他们的分公司，进行主题为"全力冲刺，超额完成全年业绩"的行动学习培训，规模大一点的分公司是部门经理和业务骨干参会，规模小一点的分公司是全员参会。我的手机里至今还珍藏着当时河南分公司蔡志国总经理发的一条短信。在用友大学赵弘老师帮助他们完成业绩冲刺专项行动学习催化后，蔡总激动地发短信写道："校长，今天的行动学习很成功，任务至少可以多完成10%。感谢你的支持和赵弘老师的精彩催化！"事实上，那段时间的表扬信、内网报道如雪片般飞来，作为职能部门能得到这么多肯定，我非常欣慰。

2010年年底到2011年的春节前，事业部和分公司又开始忙2011年的全年业务规划，据我了解，很多分公司和事业部都自动自发地采用了行动学习的形式。用友集团有个光荣的传统，就是每年评选集团级的"十佳杰出讲师"和"优秀讲师"。从2010年起，我

们讨论决定增加"十佳杰出催化师"的奖项，强调组织对行动学习的重视。

尽管行动学习得以暂时普及，但如果不能持续强化，也很可能像一阵风一样吹过。一项技能要固化为潜意识的习惯才算彻底掌握，用友大学要持续努力把行动学习这种形式固化下来，变成大家的工作习惯才行。

> 一项技能要固化为潜意识的习惯才算彻底掌握。

我还提倡微行动学习，即用行动学习的方式进行一些问题研讨和谈话。很多培训和咨询机构推广行动学习的时候过于强调形式和过程，胶柱鼓瑟，强调命题的形式、强调后续的计划、强调过程的严肃……所有这些在我看来都不是什么大不了的事情，只要掌握了行动学习鼓励大家参与、鼓励团队共创、鼓励质疑与反思的精神，那么什么形式都可以，甚至可以创新。现有的方式难道不是前人创新的？实际上行动学习可以在企业中非常灵活地应用，过程上也可以根据主题和学生的不同，采取多种形式灵活搭接，结果未必有严格的后续计划。任何好的东西，只有将其简化，才能得到大范围的推广，只有掌握了核心思想，才能够灵活改造和创新发展。不得要领地盲目照搬，势必搞成形式主义。形式主义害死人！

③ 持续创新与推广应用

行动学习并不是简单的结构化研讨工具，其背后的价值理念和核心主张尤为重要。任何工具用久了都有可能失去活性。唯有不断推陈出新，不断深化应用，才能持续迸发出新的生命力。

（1）创新："世界咖啡"的形式

2011年年初，一次偶然的机会我接触到了"世界咖啡"。除了

第五章　行动学习，让培训成为一种工作方式

那次短暂的体验，我对"世界咖啡"的所有了解都来自一本叫《世界咖啡》的书。了解这个概念之后，我决心直接进行创新应用。我认为只要掌握了行动学习的灵魂，坚持以问题为课程大纲，以学生为老师，以老师为催化师的精神，任何形式都可以无限创新。管理不在于知而在于行，只要有效果就有其存在的理由。

我很快就迎来一次试验的机会。当年的3月2日，我们在深圳举办了一次企业大学沙龙活动，聚集了深圳多家企业的三十多位培训教育主管，议程是行动学习体验，主题是"企业大学的关键问题研讨"，全程由我主持。于是我设计了一个简单的行动学习流程，打算用一个下午的时间让他们体验什么是行动学习。

三十多人分为六桌，每桌有一个组长，一开场我就感受到了大家强烈的期待，甚至还有点挑战的目光，我索性直奔主题，说："看到大家期待的眼神，我知道你们都是带着问题来的，请先把你们的问题写在便利贴上，每人限写三个。"很快，大家完成了作业。

我接着说："请组长主持，每人在小组内分享自己的三个问题，合并相似的问题，选出最能代表你们小组的六个问题。"很快，大家也完成了。接下来，采用团队列名的方法让各组把自己的六个问题贴在墙上，合并同类后剩下十几个问题，最后，全班集体投票，遴选出大家最关心的六个话题，分别是：

培训效果如何转化与评估？

内部讲师团队如何建设？

课程体系如何设置？

培训如何获得重视与支持？

151

上接战略 下接绩效
——培训就该这样搞

如何调动学生的积极性？

人才需求紧迫性与人才培养长期性之间的矛盾怎么解决？

接着，我把这六个问题分配给六个小组，开始了"世界咖啡"体验，最终研讨了四轮。第一轮研讨后，每组的组长保持不变，其余组员可以挑选任意一个感兴趣的话题参与研讨，每个组员都有机会参与四个自己感兴趣的话题，组长则有机会对同一个话题进行四轮深入研讨。

最后各组组长逐一汇报每个话题，很多话题研讨得非常深刻，我自己也从中学到很多好的做法。最后我做总结，问大家有没有收获，全班异口同声说很有收获。过程中我几乎没有讲授任何东西，我只是个主持，全是他们自己在研讨，结果他们都说收获很大。可见，上课不一定要讲师从头到尾一直讲，甚至不一定需要教材，只要有问题就够了。

我接着问，假如我事先就知道大家研讨的这六个问题的答案，把你们研讨的时间用来宣讲答案，你们觉得效果会好吗？很多人都摇头。我点评说："教育的乐趣恰恰在于帮助和引导学生寻找答案的过程。好比一场足球赛，如果有人一开场就告诉你最后的结果，你就会觉得整个过程索然无味。我们已经习惯的说教式授课方式并不是最好的授课方式，教育革命首先应该是形式革命。"全场掌声雷动。

深圳的行动学习体验虽然只有半天时间，却给很多朋友留下很深刻的印象，后来很多人在微博上给我留言，对那次行动学习赞不绝口。我也很受鼓舞，只有我自己知道，那是我第一次采用"世界咖啡"的形式——不，应该说是我自创的形式，因为我至今还没体验过传说中的"世界咖啡"到底是什么样的，我采用的只是我根据"世界咖啡"创新的方法而已。

（2）推广：全面普及

此后，在用友大学的推动下，多次内外的市场活动和培训都采用了这种形式，包括用友新道的成立仪式市场活动，其中最大规模的是用友畅捷通的一次全国办事处经理和业务骨干会议，行动学习的主题是"建设幸福畅捷通"。

我和用友大学校长助理刘智勇担任催化师，把三百六十多人聚集在用友软件园二期的大厅中，分了十个班，每个班三十多人，每班一个催化师，整个场面非常壮观。这一次我们增加了很多设计，比如多了轮组的设计、咖啡桌布的设计、口号的设计、奖励的设计等。三百六十多人，响亮的口号声此起彼伏，掌声和给力的呐喊声绵延不断。用友畅捷通的总经理曾志勇非常高兴，临时决定拿出重金奖励表现优秀的团队，对很多关于建设幸福畅捷通的良好建议当下拍板执行。后来很多学生向我反映，那一刻，他们突然感觉到畅捷通就是他们自己的畅捷通，为总经理当场拍板接纳他们的建议而激动不已。

后来，曾总在微博上写道："三百多人一起学习，场面壮观。新道教育，教育有道。"我回复道："'世界咖啡'以其固有的魅力吸引了各位，用友大学以其固有的闯劲大胆实践，畅捷通以其固有的好学演绎着精彩。用友的学习让我自豪。"

④ 连续三年不同形式的强化

2011年的夏令营定在山东曲阜，主题是"幸福用友"。毫无争议，主题研讨还采用行动学习的方法，这一次我要大力推行"世界咖啡"模式。7月16日的曲阜一中应该是一个破纪录的地方，在这里，我们创造了中国行动学习史上的新纪录：即五百二十余人同时展开同一主题的行动学习。为社会、客户、伙伴、股东和员工的幸福，为建设幸福用友，大家建言献策。

夏令营结束之后，"世界咖啡"成为2011年夏天的热词，在第三季度，用友旗下的成员企业及分支机构，开展了大大小小一两百场"世界咖啡"模式研讨，而且全是各地自发组织的。

2012年经理与专家夏令营上，用友大学结合两年多行动学习的实践与总结，将多种行动学习方法进行融合与创新，设计出"观点集市、团队共创、城镇会议和成果荟萃"四步行动学习研讨流程，命名为"主题贴吧"。

用友大学催化师带领用友集团六百名经理和专家，共同以"一切基于创造客户价值"为主题进行行动学习研讨。此次夏令营行动学习同样得到了王文京董事长及夏令营营员的认可与好评。夏令营结束后，王总要求采用与夏令营同样的主题和方式进行全员学习，要把"一切基于创造客户价值"根植于每个用友人的脑海里。于是，2010年夏令营后的那一幕重演，用友集团近一万五千名员工用了两个月的时间，分为三百多个班进行行动学习，强化"创造客户价值"这一核心价值观的同时，也强化了"主题贴吧"这种新的行动学习方法。

> 把"一切基于创造客户价值"根植于每个用友人的脑海里。

至今我仍然觉得在用友集团成功推广行动学习是我最引以为荣的事情。可以说，2009年年底的时候，用友集团一万多人，知道行动学习这个概念的人是极少数的，而到了2010年年底，没有参与过行动学习的人是极少数的。如今，用友集团已经把行动学习的方式普遍应用在培训课堂、工作会议、文化训导、业绩冲刺、业务规划等多个方面，已然形成一种文化。再后来用友在行动学习领域的实践和创新，都收录在2016年出版的《玩转行动学习》一书中，有兴趣的读者可以参阅。

第五章　行动学习，让培训成为一种工作方式

⑤ 成为工作方式服务社会

发现了行动学习的价值、掌握了行动学习的技巧之后，用友人发挥出灵活变通的创新精神，将行动学习用在业务开展中，很自然地将这种形式推荐给客户，使很多客户有机会体验用友的行动学习。

我担任过 E-HR 业务线市场活动的行动学习催化师，与客户一起行动学习是倾听客户声音的好形式，便于第一时间了解客户的需求和对用友产品服务的反馈。我还了解到很多大项目在实施过程中，项目经理多次组织双方项目组成员行动学习，促进双方沟通，以最快的时间完成团队融合、对项目的目标达成共识、共同解决遇到的问题。客户高兴地评价：用友不仅带给他们很好的管理系统，还传递了很好的学习和工作方法。促进管理进步是用友的梦想，在帮助企业实现信息化管理的过程中，用友的顾问在工作中体现用友的做事方式和方法，体现用友的企业文化和价值观。作为方法技能的行动学习就这样渗透到客户中，发挥了更大的社会价值。

二、行动学习普及的方法与步骤

从大家不了解、不接受和不支持行动学习到行动学习遍地开花，我们用了三年的时间，现在达到所有人自觉自愿参与行动学习，把行动学习融入日常工作的程度，说明普及行动学习的过程本身就是一个非常成功的推动变革的案例。对推广普及行动学习项目进行深刻总结的一个意外收获，就是我们概括出一套推动组织变革的普遍方法。

① 简单、有效、可复制

全面普及行动学习的最大阻力是太过烦琐。经验管理光靠学习别人的成功经验是不够的，我们学习任何人

> 我一贯主张边学习、边创新、边发展，学习别人就要抓住其精髓，并结合自己的特点进行创新。

的经验都只能学到过去和现在，而且学别人很容易成为别人的影子，很难超越别人。所以我一贯主张边学习、边创新、边发展，学习别人就要抓住其精髓，并结合自己的特点进行创新。

我认为行动学习最精髓的思想在于发动群众，只要以问题为课程大纲，以学生为讲师，以讲师为催化师进行的学习过程都可以称为行动学习。事实上，GE把行动学习融入工作学习的各个环节。要想大规模复制一种方法或技能，在设计过程中就要考虑未来复制的便利性。成功的行动学习方法要坚持三条原则：简单、有效、可复制。

（1）简单

为什么用友大学的"世界咖啡"模式一看就懂、一学就会？就是因为它简单。行动学习不能靠外力推动，要靠行动学习内在的魅力。如果参与者要花很大的精力才能做好，即便参与者认同行动学习的价值，也会因为难学而却步。用友大学每年选择一种行动学习方法在经理与专家夏令营中推广，"简单"是一个很重要的选择因素。有不少不错

> 简单的东西才有生命力。

的方法，因为程序稍微烦琐便被我们淘汰了，某些环境下简单的东西才有生命力。在我们推广的行动学习中，把那些繁文缛节尽量删减，挑出最精粹的"白菜心"——就是行动学习的精髓，我们称其为微行动学习。行动学习一旦"微"起来就变得容易操作，有生命力。

（2）有效

有效其实是一个很高的标准，在简单的基础上还要有效就更难做到。行动学习的宗旨就是采纳更多人的意见，但多人会谈经常遇到的麻烦是效率问题：有人是话痨，话匣子一打开就收不住；有人则很内向，不轻易表达感情。我印象中的多人会谈里有效率、有收获的不多。有效就是要想办法用规则、方法和工具鼓励大家参与。多人会谈不仅要追求有效，还要追求高效，2012年经理与专家夏令营采用了我们自创的"主题贴吧"形式进行行动学习，实际就是把"世界咖啡"和"团队列名"两种模式结合起来，设计的主旨思想就是最大程度地发挥两种方法的优势，又把各自效率不高的部分进行简化，使其效率更高，操作更简单。

（3）可复制

做到简单、有效还不够，还要可复制。2012年经理与专家夏令营结束后，我们发起全国范围内的同主题行动学习，最重要的动作之一就是制作工具包，让所有催化师拿到工具包，读完说明书就能够操作。工具包里包含所有资源文件及详细流程，对每一步如何操作都有详尽的说明。这样就做到了可复制，也只有这样，才能在短短两个月就实现全集团一万五千人的覆盖。简单才好操作，有效就有价值，能创造价值又好操作的事情当然就会有生命力。简单、有效、可复制后来演变成我做所有事情的指导原则。

② 推动行动学习的六步骤

想要一种好的机制或方法在组织内普及，一般可以分为六个步骤进行。

（1）发起人要坚定信念

发起人不仅要有坚持到底的决心和持久的意志力，而且要竭尽全力把自己打造成为专业人士，坚定的信念和专业水准是成功普及的基础，二者缺一不可。我为什么这么坚定地在组织中推广行动学习？因为我感受到了它的威力，这一点给了我很大的信心。行动学习的成功普及并不是我个人的本事大，更多在于行动学习本身的威力，它与生俱来的魅力吸引了所有的参与者，使得参与者一接触到它就沉迷其中。

我阅读了很多有关行动学习的书籍，对 GE 的"群策群力"更是做了深入研究，我觉得自己达到了"真信"的境界，并且尽量让自己更专业，深入理解行动学习的精髓，这样才不至于生搬硬套。因为理解深刻，所以才不会拘泥于具体的方法，甚至敢于作出独特的创新，我们采用的很多方法都是独创的。

（2）发展内部支持者

做任何事情都要有同盟军和支持者，发展并培养一批有热情、有影响力的支持者非常重要。如何发展内部伙伴？人的思维都是管状的，人人都关注自己的利益，只有从变革中捕捉到自己的利益，才会真正支持变革。推广行动学习也不例外，要让人们看到行动学习对他们推进业务、提升领导力的价值，才能将他们发展为真正的内部伙伴。行动学习推广过程中我们发展了一批愿意学习、有共识，而且肯实践的支持者，其中不乏业务单元的负责人，他们拥有一定的影响力和决策权。我们共同学习、共同研究，达到了高度的共识，甚至到了痴迷的程度。任何变革都像画同心圆一样，由里及外，逐渐拓展，内部伙伴便是同心圆的最里层。

为了让内部伙伴更专业，我们对内部伙伴进行了专业培训，让他们接受行动学习催化师培训，成为准专业的催化师。专业训练给内部伙伴配置了一把利剑，不仅能让他们更有信心，而且能让他们用自己的影响力影响更多人。

（3）试点改进

任何变革过程中试点是必不可少的。通过试点，能够进一步印证变革对参与者的价值，以及参与者对变革的态度。试点和持续改进又是紧密相关的两个动作，改进的原则是简单、有效、可复制。越是要推而广之的东西越要简单，越不能太专业，因为只有简单了，普通的参与者才能学得会。除了简单，还要有效果，有效果是对参与者最大的激励。满足了前两条，参与者就有了复制的意愿，这时组织者还要为参与者提供足够的资源和支持，使其方便复制。

（4）抓住一个切入点精彩亮相

比如我们对行动学习的推广，一个很好的切入点就是2010年的经理与专家夏令营，这是一个集团级的会议，有一定影响力的核心经理和专家都会参与，利用这个机会精彩亮相能收到事半功倍的效果。当然，亮相过程也是全面接受检验的过程，要让参与者有眼前一亮的感觉，甚至有跃跃欲试的冲动，体会到简单、有效、可复制的优越之处。

（5）全面推广

如果前四步都做到了，全面推广便成了水到渠成的事情，甚至有很多参与者主动要求成为推广行动学习的志愿者。2010年夏令营后，用友大学组织了与夏令营同主题的全员行动学习。全面推广是一个庞大的工程，也是最关键的一步，推动者一定要借力参与者的热情，给他们简单、有效、可复制的方法和工具，让参与者有意愿、有能力进行推广。

（6）持续强化

一种有效的实践背后必有理论支撑，把实践上升到理论高度，就能够把握其精神实质，这个过程叫"术中悟道"；把握了精神实质再反过来指导新的实践，就能够活学活用，做到"运用之妙，存乎一心"，这个过程叫作"以道驭术"。一旦掌握了行动学习的底层逻辑，根据研讨主题量身定做行动学习方案就会变得易如反掌。用友集团每年的经理与专家夏令营的行动学习方案，都是用友大学团队根据当年研讨的主题量身定做的。用友大学非常善于用新鲜的表现形式来持续巩固和强化真正有效的方法。尽管形式创新无极限，但万变不离其宗。

三、行动学习是解决问题的利器

在科技飞速发展、日新月异的今天，企业面临的问题很难用过去的经验来解决。企业面临的问题多是"如何才能达成……"之类的创成式问题。罗杰·马丁教授在《整合思维》中提出了创成式推理的理念，他说：创成式推理是一种面向未来的推理，是目标驱动的推理，推理过程用的是"为了……要……"这样的句式。行动学习恰是整合团队智慧，用创成式推理来解决现实问题的落地工具。面对新环境、新形势和新问题，过去的经验显得苍白无力，领导者并不比员工高明，所以激发和整合团队智慧来解决新问题是未来领导者必备的能力。

第五章　行动学习，让培训成为一种工作方式

① 从问题到解决方案的一般策略

《杰克·韦尔奇自传》里提道，当遇到新的业务挑战和问题时，他们常用的做法是：把它扔到克劳顿维尔的课堂上去解决。他的秘书罗赛娜·博得斯基在其作品《支撑：做副手的智慧》中也写道："当我们遇到一项愚蠢的制度或决定时，我们不再只是思索，也不再只是白眼一翻，与世沉浮，我们会高喊：'群策群力来解决它！'"

企业经营就是持续发现问题并解决问题的过程。就像割韭菜一样，一茬茬地找重点问题，并采取行动。从问题到解决方案一般要经历五个步骤，而这五个步骤都需要发掘集体智慧，这就非常需要用一套结构化的框架来整合团队智慧。

（1）定义问题

问题是现状和预期结果之间的距离。定义问题的重点是定义想要的结果，即终点是什么。还要审视现状，即起点有什么。继而要定义边界，在什么范围内或什么条件限制下做。大多时候，人们对问题只有笼统感受，缺乏深入了解。就像很多病人不能确切描述自己的病情一样，团队遇到问题，不同人感受到的侧面不同，看问题的角度不同，解决问题的思路也有分歧。这就需要用行之有效的组织方式，把不同个体对问题的感知、认识、建议等收集起来，用集体智慧对问题的性质、起点的现状、想要的结果、问题的边界等进行定义，尽可能地达成共识。

在实践中，我经常引导团队定义出结果框架三套件：一句话的SLOGAN（口号），一幅效果蓝图，三到五个风格标签。口号要有情怀、有力量且朗朗上口。效果蓝图是驱动潜意识工作的感性元素，越生动越好，绝对不可或缺。风格标签是用来驱动意识的，要独特，彰显自己的风格。任何组织的资源都是有限的，唯有长时间地坚持风格标签，才能

成为有特色的组织,才能有风格地做事。蓝图和标签都是整合能量用的,成果框架描述越具体、越独特,越便于整合团队能量,越容易达成力出一孔的效果。但凡要把不同个体的智慧收集、整合上升成组织认知的情景,行动学习就能派上用场。行动学习无非是一种有效的团队工作方式。

(2) 探索可能

解决问题的方法和路径也需要"群策群力"地头脑风暴。理论上讲,每个问题都有最优解,但我们很难找到理论上的最优解。现实中解决问题的策略是:不求最好,只求更好。找到大家都认为可接受、可执行的次优解。次优解是在既定资源和时间限制下的性价比最好的解决方案。不是最优,却是到目前为止让人能接受的,比领导者个人拍脑袋要好的解决方案。

当团队对问题的现状以及预期的效果有了共识,头脑风暴的时候会更有针对性。每位参与者的大脑都是不同的,各自有独特的看问题角度、思维方式和经验背景。行动学习的方式让每个人发挥其独特价值成为可能,更容易激发参与者的创作激情和智慧潜能。这个环节允许进行各种不同立场和主张的充分表达,鼓励参与者对不同的观点进行延伸、桥接、整合,以期涌现更多可能的问题解决方案。在探索"可能的"阶段出现卡顿的时候,我们需要重新回去审视效果蓝图和风格标签。我经常讲:知道"要什么"和"为什么"的人,能克服一切"怎么办"的问题。表面上不知道"怎么办",实际上是不知道"要什么"和"为什么"。

(3) 论证可行

可能的想法可以头脑风暴出很多,但并不是所有想法都有机会、有条件付诸实践。想从诸多可能的想法中探索最可能付诸实践的想

第五章 行动学习，让培训成为一种工作方式

法，就需要逐一评估。要评估就要有标准、有依据。评估过程当然是收敛思维主导。

最直接、最常用的筛选依据就是与结果框架所定义的效果蓝图、风格标签的匹配程度。最匹配的当然优先采纳。在实践中，部分匹配的想法我一般都会鼓励大家再次发散，看能不能改造得匹配度更大一些，或者能再多兼顾一两个风格标签，这种有目的的改造常常会收到意想不到的效果。有条件地发散，有标准地收敛；发散中有小收敛，收敛中有小发散——这才是我在解决实际问题中奉行的法则。

探索可能阶段求多，鼓励各种创新；论证可行阶段求好，讲求切实可行。好的方案总是兼具鼓舞性和落地性，鼓舞性就是让人听了兴奋，恨不得马上就去尝试；落地性就是让人觉得容易实施。论证可行性过程中必然涉及各个观点的再整合，通常会根据观点的价值和实施的难易程度进行分类。比如价值高而易实施的被称为"低垂的果实"，会优先采纳。相反，实施难度大而价值又不高的观点可以暂时搁置。价值大且实施难度也大的就要认真评估了，价值不大但容易实施的也可能会选择性地采纳。

（4）形成方案

形成方案就是把所有经过可行性论证的想法，综合架构成一个可付诸实施的解决方案的过程。这个过程需要一定的架构能力，也可以群策群力地进行，而且常常需要反复多次地推敲和模拟。实现的步骤和路径一旦确定，就不再是纸上谈兵了，需要投入具体的资源和力量，因此，这个过程常常需要能拍板的领导参与。

实战中，这个过程通常要发起人参与。行动学习小组可以把本小组上轮归纳形成的方案向发起人（Sponsor，有的称支持者）汇报，发起人可以提出自己的质疑，汇报者要解答发起人的质疑，类似于答辩。GE的"群策群力"把这个环节称为"城镇会议"。当然，发起人可以当场

163

作出决策，对一部分好的措施当场拍板，列入行动计划，必要时还会拨给专门的经费，并对一些当前不便实施的措施予以解释。

我经常看到有人情绪激昂地向人分享自己的商业模式，过程中一遭到听众质疑，就陷入为自己的解决方案辩护的状态，有时候甚至和别人争得面红耳赤。听众感受到再争下去会伤感情，心想又不是自己的事，何必较真，就转而说几句恭维的话，当事人这才心满意足。因爱面子而回避质疑，就会把问题留在实施阶段，势必留下隐患。理查德·鲁梅尔特在他的著作《好战略，坏战略》中指出："当我们有了一个想法时，我们往往会投入大部分的精力去为这个想法辩护，而不是质疑。这是一种任性的做法，即使是经验丰富的高管也不例外。简单地说，我们的思维总是倾向于逃避质疑，并放弃早期判断带来的痛苦，而且我们还往往意识不到这种逃避。"

我认为经得起质疑的方案才是值得付诸实践的方案，真正好的方案是"拍砖"拍出来的。形成好方案的一个好办法是逢人便讲，并认真听取别人反馈。所谓"胜人者有力，自胜者强"。能够在他人批判中学习的人才是真正的强者，强者总是想办法超越过去的自己。听取有价值的反馈并持续完善方案是最经济的做法，比付诸实践发现问题后再修正要付出更小的代价。我将这种方法戏称为"出门吹牛，回家疗伤"。多次"吹牛疗伤"后的方案相对更靠谱。

（5）部署实施

到了实施解决方案阶段，我们就已经成功地把一个"解决疑难问题"的问题转化成为执行力的问题。"要事第一"是很重要的法则，如果一次头脑风暴后决定了很多条要实际落实的措施，实际的结果可能是一条也落实不了。选择越多，困惑越多，精力越容易分散。要付诸实践的措施一旦选定，就要制定详细的计划，配套必要的资源和预算，每个任务落实具体的责任人，确定关键里程碑，准备实施。

第五章 行动学习，让培训成为一种工作方式

行动学习之所以有效，是因为它会让每个参与者都觉得自己很重要，能被邀请参与重大决策，有强烈的荣耀感和受尊重感。大部分参与者甚至能够从最终的成果中找到自己贡献的影子，成就感大增。当参与者能够从行动学习的成果中找到自己独特的贡献时，对他的激励作用是巨大的。

② 行动学习的基本原理

如果把行动学习工具比作各式钻头的话，那么要引发的团队思维就是钻头要打的眼儿。初学者更喜欢关注钻头，专家更关注要打的眼儿。我经常教学生要像庖丁解牛一样，分析各种流行的行动学习工具，寻找其中的内在规律。重要的不是工具本身，而是该工具引发了怎样的团队思维。

（1）交替运用发散和收敛两种思维

解剖多个行动学习工具后，不难发现隐藏在工具背后的团队思维规律。人们的思维可以分为两种基本类型：发散和收敛。行动学习的定义问题过程一般是把参与者对问题的各种感知进行统合加工，形成集体对问题的共识性理解和定义的过程，这个过程叫作从现象感知到问题共识，就是从发散到收敛的过程。

接下来，给参与者一段思考的时间，让每个参与者写出他们对该问题的观点和解决方案，然后在小组内一个接一个地分享。所有参与者分享完之后，进行一段时间的自由讨论。鼓励相互启发，做第二轮的涌现：参与者可以延伸、桥接、综合、评价、质疑等，目的是发展出更有价值的创意。这个过程中就可能因脑力激荡而产生可贵的火花，激发顿悟。这个环节是明显的发散过程。

当涌现和顿悟很丰富时，又该收敛了。大家涌现了很多点子，

不可能每个点子都去实施。在所有涌现的点子中，哪些价值大，哪些易实施，哪些风险小。这就逼迫大家去评价、选择和整合。通过集体的评价和选择，选出最具可能性的解决方案。这是明显的收敛过程。当然，这个过程有时会很艰难，是一个艰难取舍的过程，有时会伴随着激烈的争辩。

有了解决方案，该如何去执行呢？可行的行动有哪些？这时可以再次启动发散过程，让大家头脑风暴出最可能采取的具体行动，回答"接下来该怎么做"的问题。当做法涌现很多后，又该做选择了。最可行的做法有哪些？要迈出的第一步是什么？这又是一个收敛的过程。就这样，收敛和发散交替进行，制订出团队满意的行动计划后就可以告一段落。当计划付诸行动之后，又会出现一些问题。要解决这些问题，可以启动下一轮行动学习。

行动学习的本质是让群体的思维从发散到收敛、从收敛到发散交替进行的过程。催化师引导的就是群体的思维，发散过程更多的是感知、联想，收敛过程更多的是评估、决策。弄懂行动学习的思维规律，我们可以分析和评价任何一种具体的行动学习方法背后群体的思维过程，它是理解行动学习方法的关键，也是设计行动学习方法的基本原理。用友大学之所以在每年的经理与专家夏令营中能够独创性地设计行动学习方案，跟我们对它的深入理解不无关系。

对行动学习过程的描述，没有比老子说得更清楚和形象的。《道德经》有言："孰能浊以静之徐清，孰能安以动之徐生。保此道者，不欲盈。夫唯不盈，故能蔽不新成。"发散久了难免都会鱼龙混杂而浑浊了，那么就要"浊以静之"，通过收敛恢复清净。但清净也就没活力了，又要搅动搅动，使其"动之徐生"，让行动学习始终维持在这种"放而不乱，收而不死"的"蔽不新成"状态。

所有行动学习工具的使用本质上都在交替运用发散和收敛两种思维来统一团队思维的节拍。我们完全可以根据发散和收敛的需要，把 A 工具的头和 B 工具的尾嫁接在一起。中药讲求各种药材的配伍，

第五章 行动学习，让培训成为一种工作方式

行动学习项目设计就像中药配药一样，一方面要掌握病症的特点，另一方面要掌握各种工具的"药性"，两方面都具备了，配伍就容易了。

（2）不完全归纳法

理论上不排除问题存在一个最优解，但最优解很难第一时间找到。通过研讨，人们可以找到一致认为可行的多个选择。参与者可以集体用一套决策机制，在诸多选择里选一个相对较好的解决方案，这个方案虽然不是最好的，但在群体看来算是目前更好的、能够接受的。解决病构问题的基本策略是最大可能调动集体的智慧，过程中充满了对话和协商，问题解决的过程就是对话的过程，行动学习设计的核心任务就是设计群体对话的方式。

行动学习采取的办法是不完全归纳法，所以其决策质量和可行性与参与者的人数和质量密切相关。我经常讲，行动学习的结果是参与者倾尽群体智慧得到的最优解。当然可能还有更优秀的解决方案，限于当下大家的经验和认识水平，整个团队尽全力找到这个解决方案虽然不算完美，但至少算是次优解。

理论上讲，只要样本数量足够大、参与者水平足够高，用不完全归纳法得到的解决方案质量就会很高。我们经常会看到一些调查得出来的结论，这些结论也许不是很系统、很有逻辑、很全面，但确实能说明问题，对解决问题也会有直接帮助。

用不完全归纳法形成一个替代最优解决方案的次优解决方案，再把这个次优解决方案拿出来，跟不同的团队在反复碰撞中迭代和优化——碰撞过程中也可以采取行动学习，多次迭代和修正后的结论非常有说服力。

《基业长青》的作者詹姆斯·柯林斯就是通过长期持续观察一些《财富》500强企业中的佼佼者，采用"漫长、费事、彻底而吃力的程序"，来探究高瞻远瞩的公司究竟具有什么样的特质和动力。

最后，柯林斯把研究的结果总结成书，他也因此一举成名，跻身影响世界前50名管理思想家之列。可以说，他的研究方法就是不完全归纳法。

（3）典型的方法技能

行动学习是一种整合团队智慧、解决实际问题的方法论，是一套能够解决一类问题的流程和工具的集合，是典型的方法技能。方法技能不是用来解决某个具体问题的，而是用来解决某类问题的。也就是说，把具备某种特征的一类问题置入一套解决问题的框架和流程中，能得出一个相对比较满意的解决方案，这个方案对问题的解决有促进作用。

方法技能本身是高级思维的产物，需要用分析与综合、逻辑与抽象、联想与创造等高级思维能力才能总结出来。方法技能是人们在长期实践中学习的成果，源自过往的最佳实践，是从多次最佳实践中总结萃取的一套应对某类情境的流程和工具的集合。方法技能的总结需要一个去背景化的抽离过程，人们萃取方法技能如同盖房子用事先做好的预制板一样，是为了下次遇到类似情境能做到快速反应。

方法技能属于可复用性技能，萃取方法是为了敏捷应变。方法技能的应用中少不了一个与具体背景结合的过程。专业人士和非专业人士最大的区别是，前者掌握很多方法技能，并能够在具体的情境中快速地进行模式匹配，运用恰当的方法技能来解决具体的问题。行动学习过程就是一种汇聚团队力量，用一套流程和团队思考的方法寻找可能的解决方案的过程。我常说，有问题没答案不可怕，可怕的是，我们不知道用什么方法能得到答案。

方法技能会大大提高人的社会适应性。有位在高校任职的老师说："以前企业对人才的要求是比较明确的，学生毕业后就好就业。这

第五章　行动学习，让培训成为一种工作方式

两年社会发展太快了，企业都忙着转型，高等院校培养专业人才遭遇到空前的尴尬。"我说："如果高等院校把培养重点转移到学生解决问题的能力上，也许会更好。比如行动学习，就是一套解决问题的框架。如果学生在校期间能掌握行动学习，那么他们毕业后在企业遇到具体的挑战，就可以使用这套框架去应对它。在社会加速发展、时代飞速变化的今天，高等院校更应该注重学生思维方式和行为方式的培养。"

③ 学习在过程中悄然发生

有人问：既然行动学习是解决问题的工具，为什么还要带上"学习"二字呢？多年前我给一个企业做了整整一天"世界咖啡"的引导，最后各个小组汇报的时候，他们领导也参与进来。晚上领导请我吃饭，问了我一个问题："田老师，我有一个疑惑，对你也可能是个挑战。我们几十个人搞了一整天的'世界咖啡'，最后我听了各组小组汇报的成果，觉得也没什么新鲜的。我虽然没有参加学习，但是我也能大概得出他们汇报的结论。为什么学生们还那么兴奋呢？行动学习的价值究竟在哪里呢？"

我略加思索，回答他说："汇报的结论只是你能看到的冰山上的部分，而每一个参与者真正的收获其实是在过程中，并且各自的收获都不一样，那才是看不见却更重要的冰山下的部分。"那位领导陷入深思，似乎悟到了点儿什么。

那次活动复盘，我悟到：行动学习中组织的收获体现在看得见的结果上，而个体的收获却在看不见的过程中。

> 行动学习中组织的收获体现在看得见的结果上，而个体的收获却在看不见的过程中。

行动学习有经验学习的属性，参与者都是带着自己已有的知识经验来的。行动学习的命题是提取参与者知识经验的钩子，命题一出，参与者都会以命题为线索，在脑海里检索自己与之相关的知识经验。

参与者一个接一个分享自己观点的时候，每个参与者都会收到与以前想法不同的信息，这些信息能激活他们脑内更多的神经元。大脑处理信息靠的主要就是神经元，在外在信息的激发下，被激活的神经元多了，就可能产生有价值的关联。参与者的大脑自然就进入了创造性脑力劳动状态：观点的桥接、延伸、整合等思维过程开始活跃起来。

当参与者再次一个接一个地分享在上轮受大家启发产生的新想法的时候，现场就会出现"用我的算法加工你的数据，用你的算法加工我的数据"的算法和数据交叉迭代现象。比尔·盖茨说过，力量并不来自掌握的知识，而是来自分享的知识。分享知识才能创造价值，一个人即便学富五车，但不与人分享，也不会创造价值。行动学习过程中让参与者有收获的关键是营造轻松愉快的场域，让他们的数据和算法产生充分的交叉迭代。因此，我称行动学习是"个人智慧碰撞机"。

我们可以把学习过程理解为促成并巩固学习者脑内有价值的神经元连接的过程。如何才能让学生收获更大呢？最重要的指标是学生在学习过程中产生的神经元连接的数量与质量，通俗点讲，就是学生产生醍醐灌顶、豁然开朗的感觉的次数和强度。要提高产生豁然开朗效应的概率，就要营造好的氛围，促成高质量的对话。要让学生的大脑处于轻松状态，神经元处于兴奋扩张状态。

四、为行动学习续命

我和行动学习结缘整整 15 年了，自 2016 年《玩转行动学习》出版以来，我关于行动学习的文章攒起来又够写一本书了。行动学习对我个人成长的帮助实在太大，甚至可以说没有行动学习，就不会有今天的我。

第五章　行动学习，让培训成为一种工作方式

某种意义上讲，我的所有著作都是行动学习的结果。在国内，现在行动学习似乎已经是过季的旧衣服，远没有当年那么受追捧了。

一位企业大学校长有点痛苦地问我："我们的团队几年前引入行动学习时，曾经掀起了一阵风，引起了不小的轰动。可是几年下来，感觉世界咖啡玩腻了，团队共创玩腻了，催化师们没新鲜感了，学生们也玩不出什么新花样了，感觉行动学习在我们的组织中遇到了瓶颈。田老师，该怎么办呢？"

其实这个现象我早已见怪不怪。整个培训圈子多少年都在玩同一个游戏：一套方法体系在还没有搞透时就被玩腻了。为什么玩腻了？因为行动学习绝对不是世界咖啡、团队列名、团队共创等学习工具的代名词。行动学习真正的实质是社会化的经验学习。只要在一人以上的社会化环境里，我们沟通交流、交换思想的时候，就需要有一个工具，让交流过程更加顺畅，让思维能够同频共振，让交流结果更有成效。行动学习就是可以镶嵌到团队工作中，让沟通更加富有成效、更顺畅的一个结构化工具。很多时候，由于人的道行不够，开展行动学习没有取得预期效果，就渐渐不愿意用行动学习了。最典型的桥段是这样的：

> 培训经理梦寐以求的是把行动学习这种先进的学习方式普及到自己的企业，从而体现培训的价值，提升培训部门的地位。于是，他极尽培训工作者善于影响他人之能事，把行动学习说得神乎其神，把老板的胃口吊得很高，极力促成了行动学习在企业的试点项目。为了显示重视，项目请一把手挂帅，成立专门的工作小组，拨出专门的预算，拉开架势，轰轰烈烈，像是要大干一场。而通常的结果是钱花了，老板期待的效果却没有达成，虎头蛇尾，草草收场，培训经理把自己钉在墙上。老板和管理层喟然慨叹：行动学习，

不过如此。于是,在这家企业中无人再敢轻谈行动学习。

> 符合认知规律的好东西永远不会过季。

通过这个例子我想强调的是:符合认知规律的好东西永远不会过季。行动学习效果不佳的原因在于驾驭者的道行不足,而非行动学习本身。为此,我特别想强调几点让行动学习更有效、更具生命力的主张。

① 把行动学习的根系培育成须根系

一位培训同人跟我交流时曾说:"我们公司原来的一把手非常重视行动学习,多次亲自当催化师,带领团队进行行动学习。可是好景不长,没多久一把手调走了,新来的领导就不怎么重视行动学习了,慢慢地大家就把它淡忘了。回想起行动学习在我们公司的遭遇,感觉跟搞活动似的,一阵风刮过,什么也没留下。"我回应他说:"问题的根源在于,你们企业的高层领导在位的时候只注重开展行动学习,但没有批量培养催化师。假如当初趁一把手重视、大家有热情的时候,把所有部门经理培养成训练有素的催化师,让大家逐步习惯把行动学习融入工作的各个环节,这样即便一把手被调离,也对行动学习在组织中的普及没有太大影响。"这位同人恍然大悟,说:"看来任何事情都需要有群众基础,缺乏群众基础,即使靠领导权威硬推,也有很大的风险。"我说:"把行动学习的根系培育成小麦一样的须根系,偶尔断一两根也不会致命。而一把手抓的行动学习则像是萝卜一样的直根系,主根断了,就没了生命力。"

经过多年的持续推行和强化,用友集团已经有了一批随时可以担任催化师的领导和兼职讲师。我曾经开玩笑地说,每年的经理与专家夏令营哪怕50个师同时研讨,我也能轻易地找到合格的内部催

第五章　行动学习，让培训成为一种工作方式

化师。用友大学很重视对催化师的培养，每年教师节会有"十佳杰出催化师"的评选。

我们还对内部催化师设计了两个阶段共六天的课程，叫作"让一切变得更容易"。靠内生力量推行的事情才能持久，把管理者培养成优秀的催化师也是 GE 当年采取的措施，实践证明非常有效，也非常必要。把管理者培养成催化师，需要强化培训和持久练习相结合。这个过程涉及的内容很多，这里我就不再详细地展开说明了。

② 微行动学习更有威力

微行动学习这个概念是我提出来的。什么东西一旦变成"微"的，就更容易操作和普及。微行动学习用行动学习的方式进行一些问题研讨和谈话。按照行动学习的精神：问题是课程大纲，学生是讲师，讲师是催化师——我想满足以上三条的所有课堂组织都可以说是微行动学习！

多年前，有人曾经质问我："田校长，难道你真的以为行动学习就是包治百病的万能药吗？"我当时回了句狠话："在团队工作中，只有不愿意用行动学习解决问题和带领团队的人，没有行动学习派不上用场的时候。"我之所以这么说，就是因为我领悟了行动学习的本质。行动学习是多人协作的需要，用统一的结构和流程，让研讨效率更高。我认为只要是团队合作的情景，行动学习总能发挥作用。凡是会谈都会涉及效率问题，所以行动学习应该微化、泛化。

微行动学习因为简单、有效、可复制，所以生命力更强。真正的行动学习是可以信手拈来的，检验行动学习是否成功在一个组织普及，其标准不是实施过多少个行动学习项目，而是组织能够自发地把行动学习的方法融入工作。当年 GE 在实施行动学习时要求所有部门都采用行动学习进行实际问题研讨，甚至把行动学习的具体方法融入各种课程。

③ 状态不对，套路白费

很多新手信心满满地用行动学习，结果流程走完了，套路用尽了，却没有收到预期的效果，灰头土脸地问计于我。我说："状态不对，套路白费。凡事不仅要有明确目标，还要参与者处于正确的状态，要沿着正确的道路，才能逐步逼近想要的结果。目标、状态、方法、路径缺一不可。"很多人不顾学生状态，强行推进流程，最后行动学习的结果让人失望，反过来甩锅说行动学习这种方式不适用。

高质量的行动学习一定要让所有参与者在非常松弛的状态下进行。我们的意识常常是收敛的，多考虑合规性、合理性；潜意识常常是发散的，常探索可能性、创造性。潜意识只有在充分放松的情况下才能很好地工作。行动学习过程中，要让参与者的潜意识发挥作用，催化师就要在激发参与者和营造场域上下功夫。

学生都渴望受到重视，都渴望他们的发言被回应，不管学生说得多离谱，甚至有些发言就是为了出风头，催化师也要对其足够友好和尊重，让学生能从中找到主人公感和掌控感。催化师要用自己热情饱满又富有爱心的状态带动学生的状态。我经常说，学生的状态永远比老师的状态来得晚而退得早。同时，催化师还要营造一个人人都觉得放松，愿意参与和奉献的场域。这些都是"功夫在诗外"的高级技巧。有关营造场域话题，我在《让学习真正在课堂上发生》一书中有相关的论述，有兴趣的读者可以参阅。

第六章

好讲师是"拍砖"拍出来的

　　村子里的自来水塔要比全村最高的楼还高,才能保证每家每户都吃上水。在组织能力领域,企业大学就好比水塔,专职讲师的学习速度要远远大于组织的平均学习速度,才有当讲师的资格。

　　在教学设计、课堂引导、经验萃取、案例开发等诸多方面,用友大学必须培养出一批行家里手。

第六章　好讲师是"拍砖"拍出来的

任何企业大学都会涉及专职和兼职师资培养与发展问题。讲师是企业大学开展工作的基础，讲师质量决定了企业大学的命运，讲师团队决定了企业大学的影响力。我认为企业大学的专职讲师，要么是业务高手，要么是教育高手，最好是双料冠军。但遗憾的是很多企业的培训负责人两者都不是，这也许是造成企业大学在组织中地位不高的主要原因。不管做什么工作，都要深入钻研，要么不做，要么做最专业的。只有这样，专业才会体现价值，专业才会激发潜能，专业才会赢得尊重，专业才能成就梦想。我是这样激励团队的，也是这样激励自己的。打造专业的讲师团队是企业大学的核心问题。

> 不管做什么工作，都要深入钻研，要么不做，要么做最专业的。

一、专职讲师培养的"三驾马车"

用友大学刚成立的时候，郭总指出：企业大学要像一个学术机构，治理方式要不同于业务部门，要参照公立大学的方式。经过多年磨炼，用友大学内部的运营机制已经比较稳定，可以简单归结为"三驾马车"：第一驾马车是绩效考核，这是用友集团的考核要求，用友大学只是按要求应用；第二驾马车是师资交流会，专职讲师自身学习和授课技巧交流的内部学习会议；第三驾马车是课程评审会，即定期对每位专职讲师所承担的课程进行阶段评审。尤其是 2012 年以来，因为用友大学新加盟的讲师较多，我们更要加强内部的学习。我常用"水塔"来进行比喻：村子里的自来水塔要比全村最高的楼还高，才能保证每家每户都吃上水。在组织能力领域，企业大学就好比水塔，专职讲师的学习速度要远远大于组织的平均学习速度，才有当讲师的资格。

> 专职讲师的学习速度要远远大于组织的平均学习速度，才有当讲师的资格。

在教学设计、课堂引导、经验萃取、案例开发等诸多方面，用友大学必须培养出一批行家里手。我向来舍得在培养专职讲师上花钱，打铁还得自身硬，在专职讲师上投入的培训经费一定会有更大的回报，他们业务的水平越高，在讲台上越活跃，传播的机会就越多。

① 绩效考核

用友大学所有专职讲师的季度考核指标有几个固定项目。第一，授课数量。每位讲师都要讲够一定数量的课时，其中新加盟讲师的要求会多一些，他们需要多一些站上讲台的机会，资深讲师在这方面的要求则会少一些，因为他们承担的课程开发工作较多。第二，课程开发。所有专职讲师都要牵头开发课程，只有亲自开发过课程的讲师，对教学过程的把握才会上一个台阶。第三，重点工作的分担，我们叫"群攻群守"，是整个部门的重点工作，每个人都要分担部分任务，占一定考核比例。除此之外，绩效考核指标中还有员工发展指标，由各位讲师自己提议，部门经理审核通过。

② 师资交流会

师资交流会是专职讲师自身学习和授课技巧交流的内部学习会议，每月一次，教学一部、二部、三部轮流组织。一般的会议议程

第六章 好讲师是"拍砖"拍出来的

分为三部分。

第一部分是讲师分享,主要是外部学习成果分享或读书体会分享,一般有四到五人分享,每人半小时到一小时不等,主要是一种输入性的分享。

第二部分是播放讲师授课视频,其余讲师做点评,提建设性意见,这种方式我们称之为"拍砖"。实践证明,这种形式对提升讲师授课技巧极其奏效,讲师看自己的授课录像会有极大的发现和启发,如果同事们再给他拍拍砖,对讲师本人的触动会更大。一开始大家对拍砖还有点不适应,逐渐地大家就习以为常了,拍砖成为一种文化。我们经常讲:世上本来就没有名师,挨板砖多了就成了名师。

> 世上本来就没有名师,挨板砖多了就成了名师。

大家还互相鼓励说:"板砖总是要挨的,不在内部挨,就会在正式的讲台上挨。"

第三部分是用友大学内部就某个主题进行的行动学习,一般都是现实的问题,需要群策群力,比如夏令营的行动学习方法就是我们在师资交流会上团队共创出来的。

北京大学教育学院教育技术专业的童小平同学把《系统视角下的组织学习力研究——以用友大学为例》作为其硕士毕业论文,她曾在用友大学做了较长时间的考察研究,以观察者的身份参加过好几期用友大学内部师资交流会和课程评审会。在她的论文里有一段关于师资交流会的描述:

> 2012年3月28日例行举办的内部师资交流会由教学二部承办。上午的交流会上首先由二部经理逢增钢给大家分享了领导力体系建设的思路;接着校长给大家分享了学习《心理资本》一书的体会;然后一部经理程云鹏给大家报告了有关人才梯队建设的思考和IBM最佳实践。

下午，大家先是讨论了人才梯队建设方案，然后播放了六位新讲师的讲课录像，所有人对录像进行点评。点评环节中，现场的交流气氛比之前更为活跃。看得出来，接受评论指导的新讲师们都比较紧张，而老讲师们则从自己的经验出发，给他们以中肯的建议和指导。对于每一位新讲师的录像视频，大家并不是全部看完，而是挑出有代表性的几个场景，比如开场、组织讨论等进行观赏。看过后先是老讲师提出自己的印象和看法，然后是校长进行评判和指导。为了增加针对性和可模仿性，校长在这一过程中不断地现身说法，无保留地传授自己发掘和积累起来的各种授课技巧与控场经验。这一分享的过程让人看到，如今一站上讲台即发挥自如的校长也是从一点一滴慢慢锻炼、摸索成长起来的。校长将自己的经验有效地组合成对新员工有切实价值的引导思路和方式，使得他对新讲师们的评点往往言简意赅而切中要害。

事实上，师资交流会不仅促进了讲师之间的交流，帮助新讲师们快速成长，更重要的是，还起到了增强团队内部凝聚力的作用。

③ 课程评审会

课程评审会是对每位专职讲师所承担的课程进行阶段评审，一个月进行一次，议程很单纯，就是各位讲师轮流汇报自己开发课程的设计情况和进展情况。这个会议上，大家经常为了某段逻辑或内容激烈争辩，结果证明确实非常有效。我最大的感受有两点：其一，建构主义教学思想和五星教学法在用友大学的落地生根和持续强化主要靠课程评审会。评审会上探讨最多的问题是课程设计是不是建构主义的，教学过程是不是五星的，当然还有很多关于内容取舍、

第六章 好讲师是"拍砖"拍出来的

表达形式选择和逻辑架构的探讨；其二，课程评审会所涉及的课程内容非常广泛，各个序列、不同类别、不同名称、面向不同学生的课程轮番上阵，对用友大学所有专职老师的思维锻炼有很大的促进作用。

会议参加得多了，大家逐渐领悟到其中的奥秘：从诸多不同逻辑中能悟到常用逻辑不过是那么几种，有些内容不过是换了一种说法，有些形式可以跨领域借鉴，"学习心电图"的设计要有章可循……这些探讨研究对我们形成独有的课程开发方法论贡献很大，也对用友大学的课程统一风格、统一模式、统一教学思想和教学手段有很大的促进。童小平在她的论文中也有关于课程评审会的描述，摘录如下：

> 2012年4月9日，用友大学召开了一月一度的课程评审会。这次会上大家要汇报新开发课程的计划，然后接受大家的批评与建议。在会议开之前，大家就已经在紧张的筹备中了。当天的会议从早上九点开到晚上九点。主要内容是围绕今年新规划的八门新课进行评审。会前进行了第一季度工作总结，并规划了第二季度工作任务。
>
> 在用友大学第一季度工作总结和第二季度工作计划汇报部分，三位教学部经理分别从精品课程开发、培训工作、团队建设、品牌宣传等方面进行了工作交流，校长做了点评并对工作进度和计划提出修订意见。
>
> 在会议重点的课程评审部分，分别由相应负责人对今年新规划的八门课程"商业模式工作坊""管理会计之集团资金管理""项目管理关键时刻""敏捷开发""客户经营""幸福在哪里""谈判技巧"和"沟通的技巧"进行了汇报，并接受大家的评审意见。每门课程均在上一轮评审基础上进行了大量修改、补充和完善，内容逻辑和授课逻辑基本成型。不同

的课程在课程对象和目标、课程大纲、内容目录和课件制作等进度上略有不同，有的已基本通过，有的还有待改进，有的已初现雏形。

与会同事们在肯定课程进展的同时，纷纷对这些课程提出了积极、有建设性的反馈意见。以校长和各位资深讲师为主，大家围绕课程设计和开发、授课技巧等诸多具体问题进行了交流。校长强调课程设计工作首先必须明确课程对象，再依据对象制订具体课程目标，接着明确内容界限和范畴，然后填充内容并设计具体教学方案。他结合每门具体课程的改进方法，讲解了用行动学习思想设计教学环节的思路，还给大家传授了诸如故事卡片制作、PPT页面设计、教学现场控制及时间把握等策略。一位专家讲师强调了对课程结构和内容的把握、课程逻辑的一致性及内容的深度等。同事之间还就一些具体主题及呈现方式进行了探讨。

从研讨会现场的反应及最后几位讲师给我的反馈可以看出，通过这样的交流、研究、研讨，讲师们对培训课程的设计与开发有了更深入的了解和认知，对具体的教学策略有了更进一步的理解和把握，同时推动了课程的研发工作。

课程评审会的结构在很大程度上与内部师资交流会类似，但它更有深度，并且着眼于将来课程的应用，而不只是帮助团队和成员从行动中学习。为了更好地共享知识，不同层次的员工都可以在课程评审的过程中分享自己课程开发的经验和思路。这种方式可以最大程度地促进知识的传播和交流。尤其是隐性知识，只有通过紧密而深入的交流才能洞悉和把握。

④ "三驾马车"自动运行

用友大学的讲师认为每个月的"两会"对他们的学习产生了较强的促进作用。一位讲师说:"师资交流会和课程评审会有效地解决了绩效考核解决不了的问题。每次的师资交流会和课程评审会,我都要面对内部专家,压力很大。每位讲师都很优秀,课讲得都不错,每个人总是希望能把别人重复过一百遍的东西讲出新意来,但是很不容易做到。"用友大学是集团里唯一上下班不用打卡的部门,因为很多课要在周末上,大家周末比平时忙。其实大家实际的工作非常紧张,因为每月的师资交流会和课程评审会,需要讲师拿出最新进展,对每位讲师都是一种牵引和鞭策。可见以师资交流会和课程评审会为主的问题解决与团队学习系统,在发挥和提升用友大学组织学习力方面起着重要作用。

从最近几次的课程评审中,我能清晰地看到这些加盟用友大学一年以内的新讲师的快速进步,我甚至决定升级前几年的部分精品课程,期待能更上一层楼。一个组织在不断地否定它过去引以为傲的东西,说明它正在快速成长着。

> 一个组织在不断地否定它过去引以为傲的东西,说明它正在快速成长着。

师资交流会和课程评审会不仅有效地促进了内部交流,还弘扬了内部的共享文化。我们主张尽可能地分享,甚至很欣赏 AMT 公司的分享精神;知识更新换代很快,要不断推陈出新,今天的知识很快就会过时,共享才有可能促进创新。知识分享与创新是组织学习力提升的重要途径之一。

另外,阶段评审的及时纠偏作用很明显,会避免走很多弯路。

所以,绩效考核、师资交流会和课程评审会这"三驾马车"跑得好的话,用友大学就会自动运行。团队有非常强的活力,每个人都能发现用友大学对自身成长的价值。一旦员工看到组织对个人的价值,薪资待遇都会变成第二位的,他们会自发地努力工作,很多人都成了"拼命三郎"。

⑤ 专职讲师的选拔

用友大学一贯秉持"从业务中来，到业务中去"的人才选拔和流动原则，最大程度发挥人才优势和为员工提供最合适的发展路径。很多在业务部门表现不错的骨干员工，自身很热爱教育事业，工作一段时间后进入平台期，感觉自己的进步遇到了天花板，他们很愿意来用友大学做自身的整理和知识的传授，用友大学给了他们一个梳理经验和沉淀知识的机会。

这几年用友大学积累了大量教学和课程开发的方法与经验，对于业务部门的骨干员工来讲，这些积累能够快速、高效地帮助他们把以前工作中积累的零散经验体系化、课程化。所以，业务骨干都很乐意来用友大学。反过来，这些人带着业务经验加盟用友大学，又能给用友大学的课堂注入鲜活的业务案例和素材，能促进用友大学和业务部门的交流，保持用友大学贴近业务的传统。

我们一直希望用友大学是一汪"活水"。专职讲师在这个地方工作两三年，可能会回到业务岗位上去。当他们回去的时候，不仅原来的专业没丢，还对教育学和心理学有更深的研究，因此非常受业务部门欢迎。用友大学成立三年后，就有好几个工作满三年的专职讲师选择重回业务部门。企业大学本来就是育人的，专职讲师回到业务部门也算是对业务的支持。

二、专业讲师培养三阶段

用友大学从来都不缺兼职讲师，因为很多人很乐意讲我们开发

第六章 好讲师是"拍砖"拍出来的

的精品课程，再加上用友大学品牌形象在内外部的提升，使得优秀员工更愿意当兼职讲师。有人甚至对我说："田校长，我给用友大学讲课不要课时费，只要你允许我在名片上印用友大学讲师就可以了。"因此，我们深深地感受到，建构主义教学思想、五星教学法等非常有价值和专业的教学思想与方法不能只局限在用友大学内部，要及时传递给兼职讲师团队，让他们逐渐具备专业水平。因此，我根据自身的成长经历，并结合内部多次交流探讨，形成了专业讲师的三阶段培养方案：起航计划、腾飞计划和大师计划。

① 起航计划

通过大量研究我发现，很多很好的讲师苗子，刚出道时因为没有好的课程可讲，胡乱凑合几页PPT就去讲课，反馈自然不好，时间长了也没有心情再讲下去。

我成长的初级阶段得益于一开始就讲优秀课程。2004年用友花重金买了版权课程MOT（关键时刻），跟IBM达成协议，IBM给我们培养十二个内训师，我就是其中一个。随后，我走遍大江南北，四处巡讲MOT，把这门课程讲了几十遍，每一次讲课都收到了极好的效果，每一次授课都迎来了热烈的掌声。

后来我才体会到，原来那些热烈的掌声是给课程的，因为MOT实在太好了，而我作为课程的讲师也笑纳了大家的掌声和鼓励。讲好的课程对一个初级阶段的讲师而言非常重要，有利于建立讲师的授课自信心，也利于培养讲师的基本功。讲师是一种实践性极强的职业，好讲师一定是在讲台上"站"出来的，讲师的自信是学生们的鲜花和掌声堆积出来的。好课程可以降低讲课的难度，能够帮衬讲师。只要课程足够好，就算讲师讲得有所欠缺，学生也会给予热烈掌声。

> 好讲师一定是在讲台上"站"出来的，讲师的自信是学生们的鲜花和掌声堆积出来的。

我认为起航阶段最重要的培养方式是讲好的课程。授权给讲师一门精品课程，让他讲很多遍，借助反复讲课培养其表达、倾听、控场技巧和自信心。基于此，起航阶段的培养时间一般是四天，包括三个部分内容：首先，一门精品课程授权，讲师花一天半的时间完整地体验一门精品课程的讲授，课程开发者再花半天的时间拆课，即给讲师讲解课程设计的思路、重点内容、逻辑及讲法等；其次，课程开发者花一天的时间给讲师讲解建构主义教学思想和五星教学法，并用五星教学法再次拆解课程；最后，每个讲师认领课程的一个单元或一小段，面向全班试讲，课程开发者和其他讲师给予反馈和点评。

授权后要求讲师在之后的三个月内至少讲三场，可以随时向课程开发者请教，交流心得。初级阶段就是要借助好课程培养好讲师。

② 腾飞计划

为了对教学设计原理、建构主义教学思想和五星教学法有更深刻的理解，讲师的进一步进阶需要独立开发一门课程。只有自己亲自开发一门课程，才会对课程五要素(目标、内容、形式、逻辑、过程)之间的关系有更深刻的理解。所以，这个阶段我们要求讲师独立完成一门建构主义课程。让讲师开发课程，让更资深的专家和讲师来评审，在反复评审过程中提高讲师的课程开发能力。

举例来说，我们2011年委托内部兼职讲师开发项目管理课程，每个月做一次评审。第一次评审的时候，发现他们的课程内容都是知识，一门课程有上百页PPT，每页PPT上密密麻麻的都是字。我是评委之一，大多数PPT一翻出来，我马上就说："这是知识，不需要在课堂上灌输，删掉。"我不断要求他们删PPT页数，后来把开发课程的一位讲师都惹急了，他说："田校长，你直接告诉我哪页可以留吧。"之后，我给他们讲了五星教学法和建构主义。如果课程内容全是知识的话，根本没必要集中上课，录制 E-Learning 课件在网上学习就行了；如果是讲态度的话，最好要有场景，能引发大家讨论；如果是讲技能的话，就要当堂演练，反复强化。

第二次评审就好多了，之前那位着急的讲师主动说，他把原来两百多页 PPT 中的一多半都变成了 Word 文档，作为学生的预读材料。其余内容他也能分清是属于态度还是技能了，说："这一段是技能，先要做示范，然后让学生练习、角色扮演。那一段属于态度，给学生一个典型的场景，展开讨论……"经过三四次评审，他们慢慢对建构主义有了认识，甚至五星教学法也能灵活运用了。最后，他们都悟出来了，说："田校长，我算是明白了，你这是借助课程开发培养了我们呀。"

当然，这个阶段需要有标准的课程开发方法论的培训，一般包括建构主义课程开发思想、教学设计原理、课程效果检验、课程评审等方面的内容。

③ 大师计划

大师阶段的讲师就很好培养了。这个阶段就是要把讲师培养成没有课程也能上课的大师，我们开玩笑说是"手中无剑，心中有剑"。到一定程度，讲师就不需要课程 PPT 了，甚至课程 PPT 变成了讲师的束缚。只要组织有问题，讲师随时就能做催化师。讲师的作用就是帮助学生想明白问题，完成学生的认知建构。催化师最好是好讲师出身，有丰富的经验，足够信任建构主义。

这个阶段的课程包括：行动学习的原理和核心主张、行动学习的方法、行动学习项目设计与方法创新、催化师培训等。

这三个阶段跟著名的禅宗公案三见山水逻辑一致：第一阶段是没有自我，讲别人的课程，把精品课程奉若至宝，是"见山是山，见水是水"的境界；第二阶段开始建构自己的逻辑，开始有自己的主张和看法，有了强烈的自我，是"见山不是山，见水不是水"的境界；到了第三阶段，讲师要收回自己的逻辑，以学生建构的逻辑为逻辑，把自己要讲的内容随机应变地镶嵌在学生学习的逻辑中，把要传授的知识融入学生建构的过程中，以便学生建构自己的逻辑，达到"看山又是山，看水又是水"的境界。老子讲："有之以为利，无之以为用。"讲师自己有很强的逻辑，便于知识的表达和呈现，便于学生的吸收和消化。

三、打造组织学习生态

企业大学的专职师资力量难以满足所有培训需求，外请老师不仅成本高，而且未必了解企业自身业务。因此，企业大学作为组织能力提升的推动部门，发展和培养骨干员工和各级管理者当内训师便是一项极具战略意义的举措。

① 管理者当内训师的深远意义

管理者当讲师是用友集团多年的传统，实践证明，这是很有效的组织能力提升手段。我向来认为：无论是当领导、当家长、当销售，还是当老师，干的都是同一性质的活儿，都是有效影响他人的工作。能当好领导的人一定会是好老师，反过来也一样。与上级沟通、跨部门沟通、跟下级沟通、内部工作会议、跟客户交流等很多场景，客观上都需要有人充当引导师的角色。

如果把管理者培养成优秀讲师，管理者就能在能力建设上起到带动一片的作用。组织能力提升工作靠内部学习生态，要激发更多有

第六章　好讲师是"拍砖"拍出来的

影响力、有热情、有思想、愿意传承的管理者当讲师,要让更多人自觉自愿地投身到组织能力建设中去,组织才能够真正成为学习型组织。

多年前我曾在中国大连高级经理学院给央企的企业大学校长授课,有位学生问我:"田老师,怎样才能让一把手真正重视培训?"问题一出,满教室学生瞬间目不转睛地盯着我,看得出,大家都很关心这个话题。我反问他:"你们的一把手是空降的还是内部提拔的?"他回答说:"内部提拔的。"我接着问:"那他在做部门经理、事业部总经理、副总裁的时候,有没有尝到培训对绩效有促进或助力员工成长的甜头?"对方陷入沉思,我停顿了一会儿说:"如果一把手作为部门经理、事业部总经理、副总裁的时候没有尝到过培训的甜头,又凭什么让他当了一把手后冷不丁地开始重视培训?以我对当今形势的判断,一把手不重视培训才是常态,重视培训的一把手才是奇葩。"我这番话丢在空气中,瞬间感觉班里的氛围变得沉重起来。又有同学说:"田老师,你这番话说得大家心情沉重,你针对这个现状有什么办法?"我说:"现任一把手不支持培训是常态,这是因为前任搞培训的同人工作没做到位。而未来的一把手不重视培训那就是你的错。因为未来的一把手也许正潜伏在某个部门当经理、某个事业部当副总裁……你把他们发展为内训师,让他们尝到培训对业务有实际促进的甜头,日后他们发展到重要位置的时候,一定会重视培训。其中的逻辑我是验证过的。"

我 2008 年起担任用友大学创始校长,2017 年辞职创业,在企业大学校长的岗位上干了九个年头的时间,就是为了验证我的一些主张。刚开始的时候，我们难免恳求管理者重视培训，后来我们不断地把高潜质的管理者发展为内训师，花大力气用培训的方式帮助这些管理者突破业绩，做出成绩。他们干得越来越好，成绩越来越突出，被提拔是迟早的事。等他们被提拔到更高位置时，他们管辖的业务单元就会很重视培训。每年组织任命新领导时，我就盯着名单看哪些是兼职内训师，我知道他们所在业务单元必然重视培训。这些业务单元每年都会主动跟我们交流，争取用友大学对其业务的支持。我们也更加重视帮他们培养人才梯队，在他们的业务单元选拔优秀内训师。这样九年下来，就形成了良性循环，组织内部逐渐建立起内训师生态。

如前所述，组织发展部门要双向发力：一方面做上接战略、下接绩效的培训，根据组织的战略需要培养合格的人才；另一方面，下功夫培养精英团队，持续提升高潜人才的学习力，他们到了重要的位置上，就一定会推动组织发展。前一种是守正，适用于组织中的大多数人；后一种是出奇，适用于组织中的精英人才、高潜人才。

② 做高潜人才的精神家园

遥想2008年我当用友大学校长的时候，当时所有人都觉得培训工作烂到底了，都对培训能给组织带来效益不抱希望。我一直认为，穷途末路的时候一定是重新定义的时候。当时我就思考应该怎么办，我觉得做任何事情都得抓住要领，抓住要领才能四两拨千斤，就能用巧劲，否则的话就会吃力不讨好。那么对于组织学习的培训教育来说，如果真可以讨巧，那这个"巧"会是什么？我认为是生态。

千万别指望有几个"个人英雄"站出来，就能够改变整个组织的学习，更别指望组织发展部门的"几十条枪"，就能够改变整个组织的学习，不能从系统角度看问题的过高期待都是不现实的。对于组织学习而言，我认为最重要的就是要建生态，要不遗余力地培养一大批内训师，尤其注重把各条线的业务骨干发展成内训师。高质量的种子内训师的培养，每年不用多，组织两三期，每期三五十人就可以。把这些种子播撒到整个组织，发挥他们的影响力，倘若一条业务线的一粒种子再发展三粒种子，然后这三粒种子再每个发展三粒种子，累积下来会让整个组织形成生态。我认为这才是最讨巧的功夫。

十多年前，我在用友大学发现这一点后，就下决心把用友大学打造成用友的高潜人才俱乐部，成为高潜人才的精神家园。这样一年一年地累积，辐射的范围越来越广，最后收到了事半功倍的效果。这个生态并非正式组织，而是以兴趣爱好为凝聚力，以觉醒和帮人觉醒为纲领的非正式组织。我当年在用友大学一开始就是以对行动学习的应用为兴趣凝聚了一大批同好。这种非正式组织不是要跟正式组织分庭抗礼，反而与正式组织之间形成一种默契，成为正式组织一股强大的支持力量。

四、专职讲师的六项精进

本节是我在2012年教师节举行的专职讲师座谈会上的脱稿即兴演讲，比较全面地讲解了对专职讲师的要求和期望。下面是这次演讲的具体内容。

最近我正好学习了稻盛和夫的经营哲学，就借用稻盛和夫先生的六项精进为提纲，结合用友大学的业务实际，谈一谈用友大学专职讲师的六项精进。

① 付出不亚于任何人的努力

这是稻盛和夫六项精进中的第一条。人生下来天赋就是有差别

上接战略 下接绩效
—— 培训就该这样搞

的，这是没办法改变的，但付出不亚于任何人的努力却是每个人都能做到的。聪明是天赋，而努力则是选择。

> 聪明是天赋，而努力则是选择。

用友大学虽然是职能部门，但我们的梦想却是成为世界级的企业大学，我们的标杆是 GE 克劳顿维尔，成为组织战略的催化者、变革的推进者和领导人的"制造"工厂，做世界上最有价值的企业大学。显然，我们现在的能力远远不能支撑我们实现这个梦想，这就要求大家付出不亚于任何人的努力，努力把自己铸造成器。

用友大学成立以来，一开始谁也没有料到，除了提升员工基本能力素质外，还能在推动全员行动学习、组织文化训导，乃至在组织策略催化方面扮演更重要的角色。其中很多是由于我们努力做出了效果，组织才逐渐赋予我们相应的职能，领导才对企业大学寄予厚望。外部也一样，我们很有特色的精品课程、行动学习、建构主义教学主张，做上接战略、下接绩效的培训等策略取得成效的时候，在企业大学这个圈子里我们也有了一定的影响力。过去的成绩和内外部影响力都是我们一点一点努力挣来的，同样，未来发挥更大的价值和影响力，需要我们付出更大的努力。

这一点我本人是一贯坚持的，只要我没有其他应酬，每天早上总是八点就来公司上班，四年下来我读了三四百本书。我想，人们对教育学的研究成果是有限的，只要我付出的努力不亚于任何人，总能在几年时间里成为一个名副其实的教育学专家。我甚至预言过，未来知名大学 EMBA 的讲台上，最优秀的讲师将是企业大学的优秀讲师。为什么我有这个自信？原因是我们不懈地努力，更何况我们背后还有一个一万五千人的试验田，我们学到的理论有广阔的空间去实践。

随着对国际前沿教育学和心理学的研究，我越发觉得企业的教育问题很大，我们今天的基础教育还是灌输式的。我觉得自己有使命、有责任为改变企业教育的现状——为我们的子孙后代快乐地学习尽一份力。因此，我要付出的努力不亚于任何人，这不是外力强迫的，而是自愿的选择，是使命感和责任感驱使的。希望大家跟我一道，为此付出不亚于任何人的努力！

② 要谦虚，不要骄傲

稻盛和夫喜欢引用中国的话"惟谦是福"，是说做人要保持谦虚，要有敬天爱人的畏惧之心。史蒂夫·乔布斯曾说"求知若饥，虚心若愚"是六项精进中前两条的另一种表达。谦虚能使一个人的气量变大，气量大就能盛更多的知识。

心理学中有一个著名的实验叫延迟满足实验——心理学家通过几十年的观察得出结论，那些从小能克制自己暂时的欲望，以图谋更大成果的小孩，长大后会有更大的作为！

保持谦虚的人，其周围的社会环境也会因此而改变，因为人们更愿意跟谦虚的人结交。老子说："江海所以能为百谷王者，以其善下之。"

孙膑和庞涓都是鬼谷子的弟子，庞涓先自我膨胀，自认为学到了真本领就下山了，后来在孙庞斗智中惨败，其失败的原因正是不够谦虚，过早自满。我觉得最终被用友大学淘汰出局的一定是两种人：一是过早自我膨胀的人，二是实在跟不上趟的人。

我们越是付出不亚于任何人的努力，孜孜不倦地学习专业知识、探讨教育方法，越是觉得自己取得一点小成就或小进步的时候要保持谦虚。自满会让我们停止进步，甚至会让我们所付出的努力前功尽弃。

③ 每天反省

反省是人类进步的重要动力。任何人，即便是圣人，都不是一点邪念不动的，圣人和常人的区别在于，圣人能够很好地控制自己的邪念。反省能让自己的灵魂得到净化，把恶念从内心赶出。曾子曰："吾日三省吾身：为人谋而不忠乎？与友交而不信乎？传不习乎？"我们也要经常反省自己。

第一，反思自己是否忠于教育事业，我们的工作给组织、员工带来什么价值，如何改进才能给组织和员工带来更大的价值。价值是企业大学存在的唯一理由，用友大学的价值是每位讲师价值的聚合，每位讲师都要尽最大努力把自己的价值最大化，为用友大学的品牌加分。

第二，反思自己的行为与老师的身份是否相称。被人尊为老师，言行应该起到表率作用。言教不如身教，课堂是最好的修身场所，在课堂上老师最有机会反省：教给学生的自己能不能做到？很多课我讲了几十遍而不厌，就是内心把那些课当成自我反省的工具了。

第三，反思进步速度是不是远大于平均水平。我说过，用友大学是组织能力的水塔，专职讲师的学习进步速度要远远大于组织的平均学习进步速度，才有资格继续当企业大学讲师。

我一再强调，站在讲台上要有敬畏之心。面对学生求知若渴的眼神，我们要为所传之道负责，也要为学生的前途负责。为此，我们必须专业，不仅要懂业务，还要懂教育，努力提高自己，成为双料冠军，才能当好专职讲师。此外，我们还要认真评估每一堂课的效果，持续改进课程设计，优化教育方法，精炼课程内容。

④ 活着，就要感谢

稻盛和夫说："只要我们能健康地活着，就该自然地生出感谢之心，有了感谢之心，我们就能感受到人生的幸福。"本·沙哈尔也提到，感恩是提高一个人幸福感的有效手段。感恩会引导一个人看事情积极美好的一面，会激励人做出更大的努力回报社会。作为用友大学的专职讲师，我们要有感恩之心：我们的收入和开发经费来自公司的净利润，员工们在一线浴血奋战，给我们营造了学习和研究的空间，使我们有经费、有时间、有学术的氛围和环境来做我们喜欢做的事情，并且还有实践的土

第六章　好讲师是"拍砖"拍出来的

壤和收入，这样的环境来之不易，我们要感谢一线员工，要感谢业务部门。更重要的是要知恩图报，用友大学要用课程和讲课来回报他们：让他们的工作效率更高，方法更恰当；让他们多一份自信，少走一些弯路。为此，我们必须把自己打造成专业的教育者，用专业的方法和内容让员工更专业，如果谁在课堂上胡乱凑合、不负责任地糊弄学生，那简直是"恩将仇报"了。

我们要认真对待每一位学生，认真对待每一堂课。对学生和课堂负责，就是对自己负责、对用友大学负责，也是知恩图报。

⑤ 积善行，思利他

稻盛和夫喜欢引用中国的古语："积善之家，必有余庆。"意思是：多行善，多做好事就会有好报，甚至惠及全家以至亲朋好友。

人们通常用蜡烛形容老师——牺牲自己，照亮别人。老师是人类灵魂的工程师，更需要践行"积善行，思利他"。教书育人本来就是善行，是积德的事情，老师之所以受人尊敬，是因为这个职业的利他性。对老师来讲，最大的成就莫过于看到自己学生的成功，从自己学生的成功中折射出老师的伟大。鬼谷子是中国历史上很神秘的人物，他自己从来没有显赫过，以至于后人无从知晓他的背景和归宿，只传说历史上著名的孙膑、庞涓、苏秦、张仪都是他的学生。成功可以自己说出来，但伟大必须由别人来说，老师是为数不多的有机会亲近伟大的职业之一。

> 成功可以自己说出来，但伟大必须由别人来说，老师是为数不多的有机会亲近伟大的职业之一。

作为老师，一定要发自内心地以学生的成功为最高荣誉，为学生的成功倾注心血。那些在讲台上只顾作秀的老师，是老师中的败类，红红火火一番后，难免遭人唾弃。

⑥ 忘却感性的烦恼

感性的烦恼是一种源自外在的干扰。当我们在按自己设定的轨迹前进的时候，难免有人说三道四，这些外在的评说有时候会影响我们的心情。甚至也可能有来自外部的各种诱惑让人陷入选择的纠结，这些都是感性的烦恼。志向坚定、内心强大的人能够很好地应对感性烦恼，因为他有强烈的使命感和责任感，知道自己要到哪儿去，知道什么对自己是重要的。志向和毅力是一个人的根，根深则蒂固，足以抵御风吹雨打，感性烦恼就是来自外在的风吹雨打。相反，志向不够远大、毅力不够坚强的人很容易陷入感性烦恼，感性烦恼就像流水中的漩涡，一旦陷入漩涡，要想再出来就要消耗很大的精力和很多的时间。人的精力总是有限的，在漩涡中消耗多了，用于实现梦想的精力就少了。

忘却感性烦恼就是提醒我们要抵御外在干扰，心无旁骛地去实现自己的梦想。

五、内训师的能力与素质

事实上，2017年我创业后花了很大的精力在讲师培养上，也打造出了完整的讲师培养体系。我认为改变中国成人教育的途径是培养素质过硬的老师，企业要改变培训"上不接战略，下不接绩效"的现状，最重要的策略莫过于培养素质过硬的内训师队伍。我在《上接战略下接绩效：培训落地新方法》中详细地论述过内训师的成长阶梯、知识体系、核心素养和关键能力。除此之外，关于内训师的培养我还想强调两点。

第六章　好讲师是"拍砖"拍出来的

① 内训师的不可替代性

教学的目的是让人改变，而人改变的维度很多。行为改变的价值一般来说没有思维方式改变的价值大，给学生新知识的价值没有提高学生学习能力的价值大，提升能力的价值没有塑造人格的价值大。

有位高校的资深老师曾经向我请教："我教某专业课二十多年，教材也是我编写的。从教多年以来，我教过数千名学生，却只碰见一位学生把我教材里的所有例题、练习题都推演了一遍，期末找我答疑时还指出教材中的几个小瑕疵，让我受益匪浅。我就想问，为什么我教了这么多学生，却只遇到一位这样的好学生呢？"

我回答说："很显然这位学生与其他学生的学习动机不一样，他不是为了学分和奖学金来学习的，而是发自内心地热爱。不知道哪位老师在他的心田种下一颗梦想的种子，那颗种子发芽了。老师一定要明白一个道理：苦口婆心地千言万语，不如在学生的心田种一颗梦想的种子。"知识可以增长见识，拓宽视野；技能可以学会新本领，提升效率。如果说传授知识、技能的价值好比给手机安装新的App，那么，激发梦想、引导励志则相当于更换新的操作系统。我们常说：授人以鱼，不如授人以渔。给人捕鱼的方法和工具远远比直接给他鱼重要，学习能力远比学科知识重要。彼得·德鲁克说过："在知识社会里，人们必须学会如何学习。学科知识的重要性远比不上学生继续学习的能力和愿意继续学习的动力。"

不少企业不愿意在人才培养上下功夫，习惯用高薪在外部挖人。空降兵多因能力突出而高调空降，却多因三观不合而一败涂地。我经常说：三观不合的能力全是破坏力，甚至能力越强破坏力越大。相反，另一些企业则喜欢从校招的学生中培养后备人才，这些校招生伴随企业一起成长，成才后三观就会和企业高度契合，对组织的情感很深，忠诚度高，从多年业务实战中发展出很强的能力，这才是组织最合适的接班人。十年树木，百年树人。人才培养上一定要坚持长期主义。能力不够可以慢慢培养，三观不合就只能换人了。

骨干员工和核心管理者做内训师的最大好处，是他们身上自带组织文化，他们的经历和存在本身就是活教材，这一点外部培训师是无法比拟的。人格和价值观塑造是典型的态度类教学，在态度类教学中榜样的带动作用很重要。讲故事是滋养员工心灵的重要方式，所以我提倡能讲故事的地方一定不要讲道理。要善于挖掘骨干员工和核心管理者践行企业核心价值观的真实经历，把这些真实经历改编为价值观故事。内训师在讲课的同时，也弘扬了企业文化和价值观。这一点尤为重要，且外部资源无法替代。

② 培养专家级内训师

多数时候，内训师并不像学校老师那样有现成的教材和课程，只有现实的问题和散落在各处的经验。要开展好内训工作，内训师必须有能力从经验中萃取知识，把知识开发为课程，再用课程切实提升员工能力，继而用新的能力解决现实问题，积累新的经验，新的经验又要知识化、课程化……这个闭环每转一圈，就意味着组织能力提升到一个新的境界（见图6-1）。

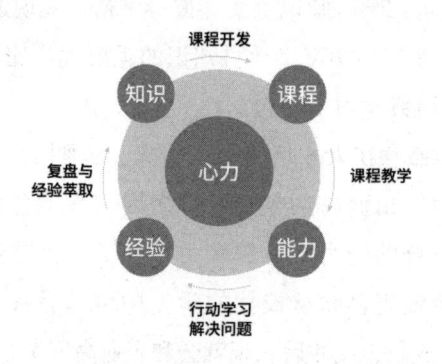

图6-1 组织能力闭环示意图

第六章　好讲师是"拍砖"拍出来的

第一，经验知识化：从业务骨干的成功业务经验中，复盘萃取出核心方法模型、决策模型等知识。

第二，知识课程化：把萃取出来的知识开发成可以规模化传播的课程。

第三，课程能力化：通过内训师的课堂讲授能力，让员工达成课程设计中的能力目标。

第四，能力经验化：用新的知识解决现实问题，积累新鲜经验，为开发新的知识做经验储备。

唯有具备上述四项能力，并能把这个闭环转起来的内训师，才能发展为集学者与工匠于一身的专家级内训师。唯有具备这四项能力的组织，才能成为创造和输出方法论的优秀组织。

我创业后开展的专家型导师班培养项目，就致力于培养真正的专家型导师。针对性地提升他们复盘与组织经验萃取能力、课程开发能力、课堂教学能力和教学引导能力，这些能力能够帮助组织把经验升华成知识，把知识开发成课程，把课程通过专业引导转化为学生能力，用行动学习和催化引导助力学生解决问题并形成新的经验，由此形成培训能力体系的闭环。

只有真正的专家型导师才能做到以下三点：第一，具备融会贯通能力的专家，敢于放下自己的知识和经验，与学生肩并肩地解决实际问题；第二，真正的导师愿意俯下身来，帮助学生把抽象的知识转化成具体的能力；第三，真正有情怀的教育工作者，在给学生知识的同时，也会注意滋养学生的心灵。

第七章

"上接战略，下接绩效"是永恒主题

我很庆幸自己当年无知无畏地振臂一呼，做了培训要"上接战略，下接绩效"的呐喊。多年来，培训人一直在苦苦追寻培训如何才能做到"上接战略，下接绩效"。显然，这个问题的答案是与时俱进的，会不断涌现出新理念、新技术、新方法指导下的最佳实践，也会不断把最佳实践总结、升华为新的理论。

第七章 "上接战略，下接绩效"是永恒主题

一、学习力是企业的终极竞争力

凡事都要抓主要矛盾，组织学习力的提升也不例外。组织学习力主要看头部团队的学习力。我认为有两个人是头部中的头部，即企业一把手和培训负责人。我跟克劳顿维尔的前负责人诺埃尔·蒂奇长谈之后，由衷地感叹：当年克劳顿维尔达到的高度很难再现，因为企业很难把杰克·韦尔奇这样重视培训的领导和诺埃尔·蒂奇这样专业水平极高的培训负责人凑齐。可以说，高度重视培训的企业领导和专业实干的企业大学校长决定了企业学习力的一半，而前2%的先头部队的学习力以及学习文化决定了企业学习力的另一半。

① 企业前途主要看两个人的学习力

如前所述，我认为企业的学习力主要看一把手的学习力和培训负责人的学习力。世界永远由那些思想领先于时代的人引领。无论你过去有多成功，现在的位置有多显赫，拥有多少财富，客观上决定你前途和命运的，还是你的思想能否持续走在时代前列。思想落后的时候，就是你被淘汰的时候，没有任何势力能阻挡社会发展的潮流。

企业要持续生存，最高领导的学习力一定要远高于社会平均水

平。变革都是从最高领导的脑海中开始的,企业转型的本质是领导者转心。员工其实是用自己的青春投资企业的前途,判断自己的投资回报大不大,有一个前瞻性指标就是老板的学习力如何。查理·芒格说:"我这辈子遇到的来自各行各业的聪明人没有不每天阅读的——一个都没有。沃伦·巴菲特读书之多,我读书之多,可能会让你感到吃惊。孩子们都笑话我,他们觉得我是一本长了两条腿的书。"当然,读书多少并非检验学习力的唯一指标,考察学习力主要看其变化的速度和力度。

有位做培训宣传工作的资深同行曾经问过我一个问题:"田老师,全国这么多企业大学校长中,除了你之外,你觉得还有谁比较厉害?"我没有正面回答他的问题,反问道:"你也是行业资深人士,先列举一下你都认识哪些企业大学校长。"他掰着手指头给我数了十多位圈里有影响力的企业大学校长。我问他:"这些人你常见吗?"他说:"因为工作关系我们经常打交道,每年都能见一两次面。"我接着问他:"那你觉得其中哪位今年与去年相比变化很大?"他陷入了沉默。我说:"学习力体现在改变上。如果企业大学校长每年都没变化,凭什么让我相信他能把组织学习搞好?只有学习型企业大学校长才能真正带动整个企业的学习。"

我曾应邀出席过一个大会,做了主题为"如何让企业大学做到'上接战略,下接绩效'"的演讲。有位与会者向我请教了一个问题:"田老师,我的老板其实特别重视培训,他坚信培训能够给组织创造价值,但是我的直接上司快退休了,基本处于躺平的状态,我们下面的人干什么都被他束手束脚,把我的心气都搞没了。你说这种情况下,我该

第七章　"上接战略，下接绩效"是永恒主题

怎么办？"我直接反问他："你怎么还不辞职呢？"他说："现在工作不好找，再说这家企业给的工资还是挺高的。"我说："工作不仅仅意味着可观可耀的收入，更重要的是要有可歌可泣的故事，不能成长的工作一天都不能忍，不能绽放的工作一天都不能忍，不能有成就感的工作一天都不能忍，工作中的每一天也是你生命的每一天。每一个不曾起舞的日子，都是对生命的辜负。"过了一段时间，我收到他的微信留言："田老师，我正式辞职了。如你所说：人生是大前提，职场是小前提，敢说真话，随时走人，不负韶华。不成长的工作，一天都不能忍。以后我走到哪里，都把自己和员工的成长作为头等大事。"

当然，唯有实力才能让情怀落地。有实力才会有势力，有为才会有位！孔子说："不患无位，患所以立。"不要担心企业里没有你的位置，而是要关心你有什么能力才能胜任那个位置。缺乏实力，纵然豪情万丈，也只能是"有心杀敌，无力回天"。记得我在用友大学的时候常讲一个火鸡的隐喻：如果你仅仅是一只火鸡的话，就不要抱怨别人把你误会为一般的鸡，因为你的优势并不明显；有本事就做只鸵鸟，如果还有人把你误会为一般的鸡，那一定是他眼神不好。

很多人向我学习创建和经营企业大学，但我认为，我身上更值得学习的是如何在企业大学校长的岗位上更好地塑造自己。一个优秀的企业大学校长一定能够把工作奉献和自身修行两件事完美地结合起来。成就组织的同时，也成就自己；推进业务的同时，也在业务中磨炼自己；塑造员工的同时，也借助课堂塑造自己。

② 2%的精英群体带动剩余98%的人

某集团企业一位负责组织发展的领导向我抱怨："我们在网上学习系统中费尽心思地做精品课程，又用大数据算法

给员工做精准推送，几乎把饭送到他们嘴边，然而后台的点击率却让人失望。你说我该怎么发力，才能让线上学习系统发挥更大的作用呢？"我说："你知道线上学习系统的竞争对手是谁吗？是抖音、快手和B站。有多少员工能禁得住这些视频网站的诱惑，在下班之余拖着疲倦的身躯，还去公司的线上学习系统主动学习？这么自律的员工数量是少数。其实你服务的对象并不是全体员工，而是精准地找到能带动整个组织前进的那2%的精英。绝大多数人是厌倦学习的，你不要做与人性抗争的事情。"接着我就给他讲了我的两次分化理论。

美国人类学家玛格丽特·米德说过："永远不要怀疑，一小撮有思想、肯付出的人能改变世界。事实上，世界正是这样被改变的！"在每个领域都有一些专业的权威人士，他们是这个领域的意见领袖，掌握着该领域的方向和命脉。其余98%的大部分人都是行业的从业者，只是赖以谋生，并非资深专家。想改变一个行业，只要找到该行业2%的头部精英和资深专家，就会影响整个行业。同理，个体要想成为某个领域的意见领袖，就要拼命钻研，成为金字塔塔顶的资深专家。所谓的精英，须在某个领域跻身于头部的2%。拉姆·查兰也在他的《求胜于未知：不确定性变革时代如何主动出击变中求胜》中提到：在任何组织中，赢得少数人就能影响所有人。我将其称之为"98-2"法则，即2%的人就能影响剩下98%的人。你要将关注点放在这2%的人身上。

是什么因素把人划分为98%和2%呢？我思考了很久，得出的结论是：学习力。而且，过程经历了两次分化。第一次分化是二八分化，就是大家所熟知的帕累托分布。绝大多数领域的从业者中有80%是业余人士，他们仅仅掌握了一些基本的生存技巧，从事着一些简单重复的工作，尽管毫无新意却也能养家糊口。这些人既缺乏学习的

第七章　"上接战略，下接绩效"是永恒主题

动力，也不太具备学习的能力。另外 20% 的人能跨越业余台阶，被称为专业人士，他们有较强的学习能力和适应环境的能力，因此能得到更多的锻炼和实践机会，逐渐发展出独当一面的能力，能带领和指导另外 80% 的业余人士开拓业务、创造价值。

这 20% 的专业人群还要经历第二次分化，其中只有 10% 的头部能保持极其旺盛的学习力，带着永不满足的好奇心在其所在领域内深挖，最终成为一流的、能够提出自己独到主张和独特打法的开创性专业人士，也就是头部精英。其余 90% 的专业人士终其一生，也没有自己的独特创造，却能紧跟顶流专家的步伐，将顶流专家的理论付诸实践，成为大工匠。

两次分化之后出现一组比例 2%、18% 和 80%，这也许就是尤瓦尔·赫拉利所说的神人、有用之人和无用之人的比例。我倒没有他那么悲观，并不认为 80% 的人将会沦为无用之人，但我坚信，带动任何行业持续快速发展的就是顶端 2% 的人。

我这里给企业里负责组织发展的领导一个建议，那就是你只需要针对性地提升 2% 的头部精英的学习力，他们的快速学习就能带动全组织的学习，服务好 2% 的精英群体也就服务好了全局。我在用友大学的时候有一个很关键的价值主张：培训资源绝不撒胡椒盐。我不会雨露均沾地给所有员工提供同样的机会，一定是根据业务需要和员工发展潜力提供针对性培训，把好钢用在刀刃上。培训资源向战略业务、新业务、突围业务倾斜，向高潜员工、干部队伍倾斜。

组织变革中"98-2"法则也很重要。想要变革成功，一定要赢得头部精英的大力支持。因为他们有影响力、有话语权。他们看到的市场趋势，形成的想法、观点，会成为整个组织的认知。你要定期与他们交流，分享你的见解，并就一些具体的战略重点及行动计划与他们达成一致。虽然有时候变革的阻力看起来很大，但实际上最大的阻力也往往集中在 2% 的顽固派身上。一箱苹果里有一个烂苹果，足以慢慢腐蚀整箱苹果。所以，要果断清除团队中那 2% 的烂苹果，整个组织都会好起来。

③ 企业学习要双向发力

尤瓦尔·赫拉利在《未来简史》里说，未来的人会分化成三个群体，一类叫无用之人，一类叫有用之人，一类叫神人。还说大部分人会沦为无用之人，并被智能机器人快速替代。那么，什么人不会被智能机器人替代呢？用什么标准区分有用之人、无用之人和神人呢？我认为是学习力。在未来，只有你的学习力远高于社会平均水平，你才是有用之人；如果你的学习力远远高于社会平均水平，那你就是神人；如果你的学习力远远落后于社会平均水平，你就会成为无用之人。所以一个人的学习力，在互联网时代变得非常重要。

我们常会发现，在单位或群体里总有一些"能行人"。他们总能走在时代前列，总能把事情干成。他们未必学历很高，也未必读了很多书，但就是能力强。这些"能行人"有一个共同的特征，就是天生学习力超强。他们不允许自己待在舒适区，而是持续不断地发展自己，最终会成长为某个领域的专家。

不谦虚地讲，我觉得自己就是这种人。我在用友大学的九年，从来不允许自己懈怠，每天都想着怎么把自己塑造成器，每天都想着怎么把自己的梦想、激情、才干和专业倾注到工作中，借工作绽放出来。我对这类人也做了一些研究，并以自己为原型，总结提炼出成为领域专家的方法论，打造成"学习力跃迁"线上训练营，目的是帮助各行各业的精英提升能够成为专家的学习力。

首先，我把自然人的学习和人工智能的学习做了一个交叉类比。我发现，人工智能在短时间让人类产生危机感，有两个显著的特点：第一是它们能做到"工作即学习"，它们一边工作，一边积累数据，一边迭代升级算法；第二是它们不知疲倦，只要不停电，它们就能不停地在工作中学习进化。其实，专家也有这种特质，我们经常会看到他们不知疲倦地工作，沉迷在研究中，不断迭代他们的技法。我认为每个人都有成为专家的可能,每个人都有成为神人的可能。神人是可以练成的,是有方法论的。

其次,我把自然人和大猩猩做了一个交叉类比。自然人和大猩猩最大的区别是什么？维果茨基告诉我们,那就是人类通过社会化发展出来很多高级机能,即大猩猩不具备,而人类独具的那些大脑机能,比如随意注意、语言文字、逻辑思维、想象力、意志力等。高级机能是那部分我们自由支配的精力、注意力在社会实践中逐渐发展出来的。人类和大猩猩最大的区别就是,人类有主动分配自己注意力的能力,而大猩猩等动物只能被动地应付外界的刺激。

受此启发,我们可以进一步思考：为什么有些人是有用之人,而另一些人是无用之人？区别就在于他们是不是能够主动地分配和运用自己的注意力,是不是能够主动发挥和运用自己的高级机能。专家做到的无非就是把他们的注意力长期定投在从事的领域上。注意力的长期定投是有复利效应的,你在刷抖音的时候,人家在悄悄地进行高级机能的长期定投,一天天积累下来,你和别人的差距就会变得巨大。

总之,我的著作《学习力跃迁:像 AI 一样迭代自己》就是要帮大家像智能机器人一样做到"工作即学习",像专家一样做到高级机能在一个领域的长期定投。职场是个平台,职场上的每一天也是你人生的每一天,放松躺平是过一天,突破充实也是过一天,如果你每一天都过得很扎实的话,人生就会很精彩,变得有意义和有价值。组织里如果有很多具备极强学习力的人,那么他们对组织发展的贡献一定很大。

谷歌公司有一句名言：谷歌的文化塑造了谷歌的战略,而不是战略塑造了文化。并不是谷歌有了一个宏大的战略,才凝聚起一批精英员工。恰恰是因为先有了一批不甘平凡、锐意创新、学习力强的精英人才,这些人才想要自我实现,才推动谷歌一路突飞猛进,跨越式地发展。组织的核心竞争力是什么？我认为是扎扎实实地打造一批学习力超强的精英人才。正是这些精英人才的不甘平凡、锐意创新、持续学习，正是他们自我实现的驱动力，才会推动组织的各项业务创新变革。

对组织发展部门而言，甚至都不用考虑组织战略和竞争形势，只要扎扎实实地打造一批学习力远远高于社会平均水平，不甘平凡、锐意创新又持续学习的精英团队，让这些精英团队有很强的创新欲和使命感，就可以坐等组织在他们的带动下快速发展。倘若组织的发展跟不上他们实现梦想的需要，跟不上他们学习力的发展，跟不上他们创造力的发展，他们一定会推着组织往前走。所以组织发展一定要两条腿走路，上有战略"拉力"，下有精英人才的"推力"。

持续地发现和武装精英人才，使他们有很强的自驱力、学习力和创造力，虽然我们不知道他们什么时候能发挥作用，但他们就像组织中的"核武器"，迟早会产生巨大的威力。腾讯就是一个非常典型的案例，在QQ陷入困境的时候，正是一小撮不甘平庸、锐意创新的小团队，利用业余时间开发了微信，使腾讯再度逆势腾飞。

有学习力极强的骨干精英群体的组织，很难被市场淘汰。用学习力武装组织的精英人才，对组织来说就是一种战略储备。他们随时可能成为组织变革、组织发展的关键性、决定性力量。有本书叫《变革始于个人》，讲的也是这个道理。组织变革从来不是自上而下的规划，而是顶层设计与基层创新的两头凑。组织发展部门就应该重点关注和发展这些人才，把自己打造成组织内部的高潜人才俱乐部。

二、给人才发展工作的建议

我担任过多家企业的组织学习与人才发展顾问，经常和同行们讨论"做什么培训更有价值"及"如何做培训才更有效"的话题。

第七章 "上接战略，下接绩效"是永恒主题

虽然不同企业大学的定位不尽相同，但创造价值的诉求是一致的，教书育人的底层规律是不变的，有很多共性存在。基于多年的实践经验，我给组织的人才发展工作提几点重要建议。

① 投资思维：聚焦关键业务和关键人才

在面向企业培训负责人的授课中，我一般开场就会问大家一个问题："假如有人每年给你一笔钱让你去投资，投资失败不用你负责，成功的收益全是你的，你觉得行不行？愿不愿意做？"大家都点头称是。我接着说："这样的好事谁都想干。"大家相视而笑，我说："企业每年给你若干培训预算，让你去投资业务，老板对结果并没有太大预期，而一旦做出成绩，你又功不可没。这么好的事情，你硬是不会干。"接着我跟大家讨论"花钱容易还是赚钱容易"的话题，最后大家都感慨：把钱花得漂亮，花出效果，真的比挣钱还难。

这个讨论旨在让大家用投资思维做培训，选择大于努力。任何企业的培训经费都是有限的，一定要好钢用在刀刃上，把培训经费用在最需要、有前途的业务和人身上。刚刚履新用友大学校长时，我就盘查了当年剩余培训预算的出处，发现大多数培训项目没必要做，要做的理由只有一个：以前连续多年都是这么做的。

企业大学更应该把培训预算投资到最需要和最有前途的业务上。用友大学更愿意把资源和支持向大量创新的业务、需要突围的困难业务倾斜，用我们的专业能力帮他们打破困境或打开局面。我们最乐意找那些屁股坐在火山口的业务领导。我会亲自带队跟他们探讨业务目标，分解出关键成功要素，进而探讨如何用培训的方式协助其开展业务。记得2015年用友经理与专家夏令营曾安排六位取得重大突破业务的负责人分享经验，每人10分钟。其中五位负责人在分享中浓墨重彩地讲述了用友大学对他们的支持和帮助。很多与会同人后来对我说："老田，还是你厉害，经验分享变成给你打广告了。"

这正说明了我们的策略有效，当时我们给自己定的目标是：让创新业务和关键业务的负责人在讲述他们的突围故事和高光时刻时，绕不过用友大学。同样，我们还倡导把用友大学建设成为高潜人才的精神家园，更愿意在关键人才的成长上投注更多的资源。这些措施对关键人才的成长和保留有积极意义。互联网企业里关键精英人才的带动作用非常明显，他们的快速成长和稳定性对组织来讲非常关键。

② 价值生存：地位是挣来的，不是争来的

企业大学在组织中的地位是挣来的，不是争来的。与其死乞白赖地让领导重视培训，不如主动让培训工作和领导最关心的事情挂钩。很显然，战略落地是组织最高领导最关心的事。倘若企业大学校长主动思考如何用培训的方式促进企业战略转型——譬如用规模轮训的方式促进组织内对新战略达成广泛而深刻的共识，萃取局部最佳实践经验在全局范围内复制，用行动学习的方式搜集并解决战略落地的问题，等等——这样的项目一定能引发最高领导对培训价值的重新思考。早在2012年我们就提出，用友大学只做对整个组织有全局性、系统性、持久性影响的培训。还提出：职能部门也要做到数一数二，成为行业标杆！

早在20世纪80年代，彼得·德鲁克就在他的《卓有成效的管理者》中说：聚焦贡献就是聚焦有效性。聚焦贡献应该成为一种企业文化，一种人生态度。假如组织内形成一种贡献文化，人人都能够每日三省吾身：对于组织绩效，我能做出的最大贡献是什么？如何把我的优势转化成贡献？如何借助工作发展员工的能力，以便将来为组织做更大的贡献？假如组织所有业务单元都深度认同聚焦贡献的价值理念，任凭商业环境如何快速变化，组织都能做出快速适应，因为各级管理者会迅速审时度势地调适自己，以便更好地做出贡献。彼得·德鲁克还说："一个人如果只聚焦于努力，总是强调自己向

下的权力，那么无论其职位有多高，也只能算是下属。反过来，一个聚焦于贡献的人，一个对成果负责的人，即便位卑职小，也可以算是高层管理人员，因为他愿意为整体绩效负责。"真正意义上的高管要永远把目光聚焦在整体、未来和贡献上。越是离业务远的职能部门，越应该主动思考如何才能为组织做出更大贡献。

用友大学刚成立的时候是一张白纸，做哪些事，不做哪些事，其实并没有严格的规定。我们始终坚持创造价值的原则，大胆地做了很多创新的事情，效果斐然的时候，企业大学的定位就会悄然改变。我认为企业大学在组织中的作用有很大的可延展性，而最重要的延展方向是积极创新、主动参与，用培训的方式把最高领导最关心的事情办好。唯有站在最高领导的角度看问题，才能把企业大学的价值发挥得淋漓尽致，这恰恰是企业大学校长比较难做到的地方，所以我经常说企业大学校长既要有 CEO 的格局，也要有能打硬仗的专业功底。

用友大学还有一种加分文化。我经常在内部开会时讲：只要你的做法有利于发挥你自己和用友大学的价值，能为用友大学加分，我都支持。我们鼓励员工创新，用自己的方式为组织创造更多价值，做更大贡献。

③ 将心注入：员工因触动而改变

培训的目的是促人改变，人性的复杂性决定了改变的复杂性。很多时候，人并非因认知而改变，而是因触动而改变。再通透的道理也不能滋养心灵。几乎所有烟民都知道抽烟有害健康，但还是不愿戒烟，可见认知改变并不足以改变一个人的行为。有温度、有感觉的知识才可能被应用，促人改变的关键是形成认知和情感的共鸣，那些触动灵魂的认知才会被付诸行动，促成改变。教学设计的重心在于情感触动，这是我在这个行业摸爬滚打多年后才发现的秘诀。

星巴克总裁霍华德·舒尔茨写了一本书，叫《将心注入》，书中强调，星巴克的员工要把自己的激情和爱心注入咖啡中，让客户通过产品和服务感受到其中的用心，而咖啡只是传递情感的媒介。这个理念对我的培训工作启发极大，培训就是要把价值理念、激情和爱心以课程为媒介传递给学生。唯有设计者将心注入，学习者才可能被深深触动，继而促进改变。生命中的关键时刻是灵魂受到触动的时刻。

我至今难忘在2010年用友经理与专家夏令营上，数百名营员早上六点出发，徒步穿越库布齐沙漠，到下午一点多的时候会师在沙漠腹地一片有水的芦苇荡旁，所有营员都精疲力竭、又饥又渴。当一群营员瘫倒在地的时候，工作人员提醒说芦苇荡中藏有冰镇西瓜。年轻的营员勉力站起来，脱掉鞋子光脚下水，在芦苇荡里找西瓜。找到西瓜后他们都顾不上拿刀切，直接就地摔碎，营员们每人一块，不顾形象地吃了起来。后来营员们才知道，这些西瓜是我们的工作人员凌晨四点出发，用肩膀扛着穿越沙漠提前埋进去的，知情后他们都非常感动。这个触动时刻就生动地体现了"将心注入"的内涵。

教学设计跟产品设计是一样的道理，要用心设计学生的体验，还要设计过程中的持续动力，让学生像玩游戏一样有欲罢不能的感觉，过完一关还想再来一关。不要问学生为什么不来参加培训，而要问我们为什么没有能够激发别人兴趣的课程设计。要把激情、爱心、正能量注入课程，让学生能够通过课程感受到讲师和组织者的用心，心灵有所触动。

④ 专业制胜：专业才能让情怀落地

为什么我要强调专业呢？我听很多人讲过，他们以前对培训不抱希望，主要是从来没遇到过好的培训资源，也就是说他们碰到的培训大都不够专业。其实，这也是培训在组织中地位不高、不受待见的一个最主要的原因，说明我们的培训做得不够专业。

做培训的不研究认知心理学、教育心理学，不研究教学设计原理，就好比给人织手套，却不知道对方的手长什么样子，有多大。多数培训工作者凭着朴素经验和一腔热情讲课，并不关心学生是否参与、能否学会。然而，有专业才有话语权，要不遗余力地打造培训教育从业者的专业度，只有专业才能够让情怀落地，只有专业才能让学习在课堂上发生。

组织中的内训师往往都是业务专家，最缺乏的其实是关于教学的专业性，如果这些一线业务专家也能成为教学专家，他们的影响力就能最大化地发挥出来。苏联教育家苏霍姆林斯基说过：不管你是哪个方面的专家，首先你得是一个教育家。不能最大化地发挥教学的作用，那些业务专家的影响力将限制在小范围内。不遗余力地把这些业务专家打造成教学专家，其实对于组织学习来说是非常省钱的做法。企业不像高校有正规的教材，企业里培训的内容都来自一线解决问题的实例，如果这些一线的业务专家能够懂得教学的原理和方法，他们就能够把一线解决问题的实践经验萃取成结构化的知识，再把这些结构化的知识开发成课程，通过课堂在一线进行规模轮训，很快就能把最新鲜的方法论推广给每一个有需求的一线员工，整个组织的能力水平都会因此改变。

所以，行动学习、复盘与经验萃取技术、课程设计与开发技术、教学引导技术、打造活力课堂的方法都是内训师必备的教学技能。拥有这些专业的教学技能，才有可能推动组织里的经验转化成知识，知识转化成课程，课程转化成课堂，然后在课堂里通过教学引导让学生实现质地改变，这是一个完整的学习闭环。

企业大学校长永远要把自己以及团队的专业学习当成头等大事来抓，只有专业水准上去了，才能用培训的方式为组织做出更大的贡献。

⑤ 长期主义：与业务及骨干员工陪伴成长

十年树木，百年树人。人的改变是系统工程，团队的改变更需要潜移默化地持续用功。我在企业大学校长的位置上干了九年，几乎每年都会遇到几次猎头来高薪挖我，但我都不为所动。因为我要坚持做正确的事情，验证先前策略的有效性。若非长时间的坚持，我根本体悟不到持续建立培训生态，让未来领导重视培训这些长线策略的意义。

一方面我强调教学设计要将心注入，给学生很好的学习体验，尽可能地触动学生心灵。另一方面，我反对用互联网营销的思维搞爆款课程，过度炒作。因为炒作不可持续，而人的改变需要静水深流的持续用功。过分强调用新技术、新方法吸引众人眼球的人，肯定忘了促人改变的底层规律从来没有变过。新技术、新方法只能通过促人改变的底层规律起作用，技术和方法永远是工具性的、手段性的。

你眼里的奇迹不过是别人多年来长期坚持的结果。我认为组织能力提升和人才发展工作要长远布局，负责人要相对稳定。企业大学需要与战略同频，与业务共舞，与骨干员工在业务实践中一起成长。"上接战略，下接绩效"培训只是指导方针，具体的"接法"还要在实践中慢慢打磨，不同组织要在实践中发展自己独特的做法。在组织学习和人才发展领域的很多措施都需要长期坚持，坚持久了才能看到效果。

第七章 "上接战略,下接绩效"是永恒主题

⑥ 多赢生态:你不是一个人在战斗

培训的作用点是人,我们只有通过有效地影响人,才能间接地影响业务,所以我们必须通过人的改变促进业务的改变,我们做培训必须本着双赢或者多赢的原则去做。

前文曾经提出组织学习的三闭环。也就是说,在组织内做培训,一定要让组织看到效果,也就是业务部门能够看到培训投入的产出,一定要让学生能够感受到自己的改变,一定要让老师自己感受到学生的改变。三闭环的结果就是四赢:学生要赢,老师要赢,组织者要赢,业务要赢。只有做到多赢,培训才可持续,但凡有一方毫无收获,对不起,下一轮这一方就不跟你玩了。学生没感觉,下回培训你就得像抓壮丁一样抓人了;对业务没贡献,下一回业务部门的老大就不放人了;老师没感受到学生的改变,时间长了就躺平了;组织培训没效果,组织发展部门的地位就会越来越低。所以组织培训就得做多赢设计,让所有玩家都有收获的感觉。

我们曾给一个大型金融国企做内训,由于一些客观原因不得不采用线上教学方式,但我们创新性地采用了"训练营+拔高课"的模式,在"打造活力课堂训练营""魅力引导训练营""复盘与经验萃取训练营""金课开发训练营"这四个既有理论学习,又有实践学习,还有社会化学习的高能训练营之后,为促进学生的融会贯通,还安排了一天线上直播研讨的拔高课。拔高课采用三浪教学模式,每个主题我讲一上午,下午学生分组研讨完成任务,晚上线上集体汇报答疑。

这个模式取得了极其丰厚的成果。在这个学习项目里就实现了多赢:一是企业方赢,用这个项目帮助他们建立了内部培训师的生态;二是学生赢,两个月下来我们真实地看到所有学生实现了质的飞跃;三是老师赢,我以及我的教学团队在这个过程中收获了非常多的案例、经验、问答技巧,帮助我们进一步迭代了课程。这样的课程,我认为已经具备成为业界样板课程的价值。

⑦ 持续创新：在实践中发展自己的打法

教学的实践性极强，创新的空间也非常大。我在这个领域提出的很多独特的主张，都源自我的持续创新和大胆实践。

在用友大学的时候我很庆幸身后有一块试验田，我总是想方设法地把从书里学到的教学理论应用到实践中去。我那时候读书很功利，总在琢磨书中的理论能不能让我的课堂变得不一样，能不能体现在我的教学设计中。读过的书如果不能让我的工作、生活变得不一样，我就觉得亏了。我每年都要讲很多课，就把课堂变成验证教学理论有效性的场所。验证有效的理论就固化到以后的课程中；验证效果不及预期就要复盘，又琢磨问题出在哪里，如何改进，改进后再试。所有理论都是方向性的、原则性的、指导性的，要解决实际问题就一定要会适应性地改造和创造性地发挥。经过几轮的发展迭代，原来的知识就被我转化成自己的一套理论。把书上的理论转化为自己能力的唯一途径就是实践，把多方理论整合为自己体系的唯一途径也是实践。

我的创新有两个最重要的来源。一是对理论的刻意运用，总是试图把新的理论用在课堂上，把最近的读书收获和生活感悟体现在课堂上，然后根据课堂效果复盘改进。二是用现实问题倒逼创新。我经常说：限制之处，便是创新之时。每遇到现实挑战，我都问自己："最近读过的书、做过的事、自己的成长，能不能在解决现实问题中派上用场？"潜意识似乎总能给我有启发的答案，于是我就大胆实践，再根据效果复盘。

我经常鼓励我的学生也要持续创新，大胆实践。我说："如果教学创新在课堂翻车，你认真复盘就会发现，所有翻车都是包装丑陋的礼物。"学生的反应才是检验你的创新有效性的试金石。唯有持续创新、大胆实践才能发展出你自己的体系和打法。

⑧ 智慧沉淀：持续把经验升华为知识

很多企业热衷于标杆学习，总是妄想从标杆企业那里学一点绝活，让自己的企业即刻变得强大。殊不知，标杆企业的方法体系也不是从一开始有的，而是他们从解决具体问题的基础上萃取、升华出来的，所以只适合他们自己的战略和文化。照搬别人的体系往往会让你的企业水土不服。

体系是体系化能力的产物，标杆企业先有了体系化能力，才能日积月累地形成今天的体系，继而才能对外输出知识和方法论。组织更应该注重把自己的最佳实践升华成知识和方法论，使组织在经营业务的同时也能经营知识，在生产产品的同时也生产方法论。这就需要组织把经验萃取和复盘反思作为基础能力进行普及，这两项能力实际上就是体系化能力。我在《上接战略下接绩效：组织学习新范式》一书的第四章中详尽地阐述过这一话题，有兴趣的读者可以参阅。

真正的体系应该从你自己的业务实践中发展出来，而且要与时俱进地动态迭代。这就需要组织必须具备从经验中萃取知识，用体系化的能力建立自己的体系，并动态迭代地维护自己体系的能力。比向标杆企业学习更重要的是从过去的经验中学习，从过去的业务实践经验中萃取出自己的知识体系和方法论，这是组织进化的核心能力。成功组织有一个重要标志，那就是能向社会输出知识和方法论。企业大学应该在组织经验萃取、知识管理和经营方面发挥更大的作用。

三、培训负责人的三省吾身

培训如何实质性地推动组织绩效提升，是一个可以为之付出无限努力，却不好验证效果的问题。培训负责人开展任何项目之前，

上接战略 下接绩效
——培训就该这样搞

不妨多问问自己下面这三个问题：做什么样的培训，对组织的价值更大？怎样做培训，业务部门更愿意配合？如何做培训，学生的吸收和转化率更高？这三个问题在我耳畔萦绕了十几个年头，可以作为培训负责人的一日三省吾身来用。

① 做什么样的培训，对组织的价值更大

国内企业大学成立的高峰期,实际上跟互联网时代的发展密切相关。一方面，我们面临着复杂多变的，甚至整个行业都在进行颠覆性变化的商业环境。另一方面，新一代的劳动者已经有了很多独特的标签，他们不再单纯地为了待遇工作。

在这个背景下，老板对企业大学的诉求是更好地推进组织的变革和转型，让组织更好地适应外部复杂多变的商业环境。

既然老板们在成立企业大学时有这样的假设，那么企业大学应该做的事情就是紧密联系企业战略，甚至和企业战略的变革结合起来。我早在2012年就提出，用友大学只做对整个组织有全局性、系统性、持久性影响的培训。

作为企业大学，即使你把新员工培训、新经理培训，或者常规培训、例行培训做出花来，也不能证明企业大学的价值。因为原来的职工大学也在做这些事。所以你做的这些事，总经理、董事长不会认为有多重要。

我个人认为，企业大学校长要主动把本部门的定位与企业战略、变革、文化这三个重要内容结合起来，看在这样的背景下企业大学能做些什么。比如，新的战略共创就可以用行动学习的方式来做。像变革的落地，在组织内达到高质量的共识，把一种模式在组织里进行规模复制，类似于这些事情，我们就可以用行动学习开发出相关课程，然后用规模轮训的方式来做。规模轮训我在用友大学时每年都做，几乎是全员参与，有时候是一天，有时候是半天。

为什么要这么做呢？实际上是为了在组织推进变革时员工对愿景、策略、路径等达成共识，这个过程不仅要快，而且要高质量、高覆盖率。变革的失败往往出在团队成员对变革的共识程度上，而不在变革本身。所以，做有全局性、系统性、持久性影响的培训，是企业大学校长首先要考虑的。

② 怎样做培训，业务部门更愿意配合

很多企业大学校长会遇到一个尴尬的问题，即培训部门做培训部门的，业务部门做业务部门的，两者没有很好地融合，甚至制造出了——工学矛盾。

我认为工学矛盾其实是一个伪命题。如果培训部门教的都是一些常识类、知识类的内容，不能直面工作中的问题，看不到对业务的直接促进，这样就人为地制造了工学矛盾。假如培训部门教的内容就是业务部门工作所需的，或者干脆就以业务部门工作中的实际问题为课程大纲，那么我相信工学矛盾就不存在。

我认为，企业大学要敢于做企业内部的咨询机构，做内部的"麦肯锡"。做业务部门的咨询伙伴，业务部门有业务难题时，你有合适的方法、工具提供给它，那么结果就是两全其美的。

要以实际业务问题作为大纲，以行动学习的方式作为工具和基础，然后用企业大学自身的专业性，把它开发成能够跟企业的业务深度结合，并且符合认知和学习相关规律的课程。这就需要企业大学有自己的方法论，形成自己的工具，甚至变成咨询机构，成为组织业务的支持者。

有句话说得好，不管我们明天遇到什么挑战，都要有应对这种挑战的方法。这种应对挑战的方法恰恰是组织智慧的核心，恰恰是企业大学应该抓住的内容，也是企业大学跟业务部门合作的基础。企业大学不能跟业务部门在同一个维度上，对标谁的业务水平高，

而应该提供给业务部门解决问题的方法论，帮助其提高解决问题能力。

所以，企业大学要把业务实践和方法论相结合，做到从业务实践中萃取模型，然后把模型通过课程复制到实践中去。如果你能做到这些，你就能够解决工学矛盾，也能够和业务部门进行更好的配合。

③ 如何做培训，学生的吸收和转化率更高

现在的培训越来越追求轻培训。能在线上做的培训，就尽量不在线下做，既省了钱，还美其名曰可以把新的技术都用上。与此同时，培训预算不断被压缩，这是为什么呢？

这个问题产生的根源就在于，以前所做的很多培训都没有效果。既然没有效果，业务部门的领导或决策者就不想多掏钱，能压一点预算是一点，而且尽量都放到线上做。结果培训的效果变得更差，这就进入到一个恶性循环中。

其实，培训是要为学生的改变负责任的。既然要为学生的改变负责任，就不能把讲道理当成全部内容。现在很多培训就是只讲道理，缺乏感情色彩。人是理性的，同时也是感性的，而且感性占了不小的比重。如果没有特别专业的、符合人类认知规律的感性教学方法，在教学设计和教学方法上就会缺乏感性，造成授课效果不好。

有很多老师存在错误的认知，认为讲课没什么难度，结果讲课完全失败，得不到想要的效果。那么，请你思考这两个问题：

第一，怎样把老师武装得很专业？

第二，怎样在每一堂课中都看到效果？

我认为教学改革的重心就是要降低学生认知的负荷，提升学生学习体验过程的比重。如果老师用专业的教学方法武装自己，用专业的教学方法授课，那么我相信学生的吸收转化率会变高，其单位时间内做到的有效改变会更多。企业大学想要做到这一点，就一定

第七章 "上接战略,下接绩效"是永恒主题

要让自己的讲师队伍尽可能专业化。要用教育学、心理学的理论指导你的教学,让学生的体验感更好,使学生的吸收转化率更高。这样学生才会喜欢上老师的课,老师的课才能促进学生有效改变,老师自己才有成就感,企业大学才有价值体现。

参考文献

1. 田俊国.卓越关系：5步提升人际连接力[M].北京：机械工业出版社，2024.1.

2. 田俊国.非凡心力：5大维度重塑自己[M].北京：机械工业出版社，2023.10.

3. 田俊国,原继东.激活课堂[M].北京：机械工业出版社，2023.8.

4. 田俊国.让学习真正在课堂上发生[M].北京：中国青年出版社，2022.8.

5. 田俊国.金课开发15讲[M].北京：电子工业出版社，2022.8.

6. 田俊国.上接战略 下接绩效：培训落地新方法[M].北京：北京联合出版有限公司，2020.11.

7. 田俊国.上接战略 下接绩效：组织学习新范式[M].北京：北京联合出版有限公司，2020.11.

8. 田俊国，杨业松，刘智勇.玩转行动学习[M].北京：电子工业出版社，2016.1.

9. 霍华德•舒尔茨，多莉•琼斯•扬.将心注入[M].文敏，译.北京：中信出版社，2015.8.

10. 辛西娅•麦考利，埃伦•范•韦尔索.领导力发展手册[M].翁文艳，等译.上海：格致出版社，2011.12.

11. 达夫•尤里奇等.通用电气案例[M].柏满迎，等译.北京：中国财经出版社，2005.1.

12.诺埃尔·蒂奇，艾利·柯恩.领导力引擎[M].周景刚,译.北京：中国人民大学出版社，2010.4.

13.盛群力，宋洢.走近五星教学[M].济南：山东教育出版社，2010.4.

14.朱安妮塔·布朗，戴维·伊萨克等.世界咖啡：创造集体智慧的汇谈方法[M].郝耀伟,译.北京：机械工业出版社，2010.3.

15.杨国安.组织能力的杨三角[M].北京：机械工业出版社，2010.1.

16.马克·艾伦.下一代企业大学：发展个人与组织能力的新理念[M].吴峰,译.北京：世界图书出版公司，2010.1.

17.高文，徐斌艳，吴刚.建构主义教育研究[M].北京：教育科学出版社，2008.2.

18.R·M·加涅等.教学设计原理（第五版）[M].王小明，等译.上海：华东师范大学出版社，2007.6.

19.姜大源.当代德国职业教育主流教学思想研究[M].北京：清华大学出版社，2007.4.

20.克里斯·阿吉里斯.组织学习（第二版）[M].张莉，李萍，译.北京：中国人民大学出版社，2004.1.

21.达夫·尤里奇等.绩效导向的领导力：领导者业绩提升的关键[M].王贵亚，何西军，译.北京：中国财经出版社，2004.9.

22.戴维·达特里奇，詹姆斯·诺埃尔.行动学习：重塑企业领导力[M].王国文，王晓利，译.北京：中国人民大学出版社，2004.5.

23.莫提默·J.艾德勒，查尔斯·范多伦.如何阅读一本书[M].郝明义，朱衣，译.北京：商务印书馆，2004.1.